Andreas Loos & Stefan Schweyer

(Hrsg.)

AF289493

Alles Heil?

Mit missionaler Theologie übers Heil sprechen

BRUNNEN
Verlag GmbH · Giessen

Die THEOLOGISCHE VERLAGSGEMEINSCHAFT (TVG)
ist eine Arbeitsgemeinschaft der Verlage Brunnen Gießen
und SCM-Brockhaus Witten.

4. Auflage 2021

© Brunnen Verlag Gießen 2017
www.brunnen-verlag.de
Umschlaggestaltung: Jonathan Maul
Druck: Books on Demand GmbH, Norderstedt
ISBN 978-3-7655-9017-7

Inhalt

Andreas Loos, Stefan Schweyer

Vorwort 5

Stefan Schweyer

Was ist Heil? Eine Einstiegshilfe 7

Hannes Wiher

Historische Streiflichter zum Heilsbegriff
missionaler Theologie 19

Bernhard Ott

Das Heil in missionalen Theologien.......................................33

Roland Hardmeier

Vom sinkenden Schiff zur geliebten Welt. Das
Heilsverständnis in der missionalen Theologie.......................66

Andreas Loos

Vom Sündenbock zum Teilgeber am göttlichen Leben.
Christus im Zentrum eines trinitarischen Heilsverständnisses.............82

Markus Dubach

Von der Spiritualität zum Handeln – oder umgekehrt?......................112

Jean-Georges Gantenbein

Zur Innovation der gegenwärtigen missionalen Theologie 117

Andreas Loos, Stefan Schweyer

Alles klar, oder was? 125

Autorenverzeichnis 128

Vorwort

„Der Herr ist mein Licht und mein Heil
– vor wem sollte ich mich fürchten?"
Psalm 27,1

Der Liederdichter David kennt die bedrückende Seite des Lebens nur zu gut. Er spricht von persönlichen Feinden, von drohendem Krieg und gewaltigen Heeren. Wie als Selbstvergewisserung und Selbstaufforderung singt er sich und uns zu: Wir brauchen uns nicht zu fürchten, denn „der Herr ist mein Heil".

Heil, das ist einerseits ein verachtetes Wort, weil viele an den Führergruß denken. Oder es ist ein völlig veraltetes Wort, dass man nur noch belächelt: „Heile, heile Gänsje, es wird bald wieder gut." Ja, die Christen und ihre heile Welt, irgendwo, irgendwann! Oder Heil ist ein modernes Wort im Bereich der neuen Spiritualität: Heiler, Heilmittel, Heilung – das Vokabular ist im Kommen. Aber was meinen Christen, wenn sie singen und beten, dass Gott „unser Heil" ist? Und wenn wir glauben, dass Gott tatsächlich das Heil ist – was hat das mit unserer Welt zu tun? Gibt es eine „heile" Welt? Oder zumindest eine etwas „heilere"? Gibt es Ereignisse, Erfahrungen, Lebenssituation oder Lebensbedingungen, von denen wir mit guten Gründen sagen können: „Das ist jetzt Heil!"?

Vertreter einer missionalen Theologie werben für ein „ganzheitliches Heilsverständnis". Und das mit Recht. Es kann ja schnell geschehen, zu klein und zu einseitig vom „Heil" zu denken. Es lässt sich tatsächlich nachweisen, dass es in der Geschichte des christlichen Glaubens zu einer eigenartigen Trennung von irdischem Glück und jenseitigem Seelenheil gekommen ist. Aber was meint denn „ganzheitlich"? Das ist ja auch ein schillerndes Modewort. Und nochmals: Was ist genau das Heil, dessen Ganzheitlichkeit hier eingefordert wird?

In der Arbeitsgemeinschaft für biblisch erneuerte Theologie (afbet.ch) dachten wir: Über diese Fragen müssen wir reden. Und zwar miteinander. Roland Hardmaier, profilierter Vertreter einer missionalen Theologie, war bereit, mit uns über gut ein Jahr unterwegs zu sein und in ein intensives Gespräch über das Heilsverständnis einzutreten. Bernhard Ott und Hannes Wiher haben uns an einem Seminartag in die historischen Hintergründe der aktuellen Diskussion eingeführt. Anlässlich des AfbeT-Studientags vom 24. Januar 2015 hat Hardmaier seine Thesen zum Heilsbegriff aus Sicht der missionalen Theologie präsentiert. Andreas Loos nahm den Ball auf und entwickelte die Gedanken in seinem Referat weiter. Kurze Impulsreferate von Jean-George Gantenbein und Markus Dubach eröffneten eine angeregte und konstruktive Diskussion. Manche Pauschalkritik an der missionalen Theologie entpuppte sich dabei als Vorurteil. Der gesamte Gesprächsprozess erwies sich als hilfreich, um solche Vorurteile abzubauen, kritische Anfragen zu präzisieren und eine differenziertere Sicht auf den gesamten Fragekomplex zu erhalten. Er führte dazu, die berechtigten Anliegen eines ganzheitlichen Heilsverständnisses konstruktiv aufzunehmen und weiter zu entwickeln.

Aber am besten ist es, Sie, liebe Leserinnen und Leser, schauen sich das selber einmal an. Mit dem vorliegenden Band wollen wir Sie in unser Gespräch über das Heil verwickeln, es vielleicht sogar aktiv mit Ihnen weiterführen. Deshalb haben wir immer wieder Kästchen platziert, die das Verstehen, Mitdenken und Mitreden ankurbeln sollen. Folgende Vignetten erscheinen laufend:

⚠ ACHTUNG	**Zentrale Aussage** Das ist dem Verfasser des Textes ganz wichtig. Es sind Knotenpunkte, von denen her sich der Rest erschließt.
@ FRAGE	**Fragen zum Mitdiskutieren** Das sind echte Fragen, die wir gerne mit Ihnen weiter bedenken würden, und zwar unter: **heil@afbet.ch**
⤙ WEICHE	**Weichenstellung/Differenz/Dissens** Hier fällt eine Entscheidung, die das Weitere bestimmt. Hier unterscheiden sich die Meinungen, hier entsteht Diskussionsbedarf, hier zählen scharfe Argumente

Es ist unser Wunsch, dass dieser Band den Blick für die „Fülle des Heils" öffnet und dazu beiträgt, das Gespräch über das Heilsverständnis – und damit über Gott selber – weiterzuführen und zu vertiefen.

Januar 2017   Andreas Loos & Stefan Schweyer

Was ist Heil? Eine Einstiegshilfe

Stefan Schweyer

„Und in keinem anderen ist das Heil;
denn uns Menschen ist kein anderer Name
unter dem Himmel gegeben,
durch den wir gerettet werden sollen."
Apg 4,12

1. Jesus, der Heiland

Wer biblisch über das Heil sprechen will, kommt an Jesus Christus nicht vorbei. Er wird von den Aposteln als der exklusive Heilsbringer deklariert. Er ist deshalb der Heiland für uns Menschen und für die ganze Welt. „Heil/Rettung" (*sotería*) und „heilen/retten" (*sózo*) sind im Neuen Testament zentrale Begriffe, um das Wirken Jesu Christi zu beschreiben. Dementsprechend wird Jesus auch als „Retter" (*sotér*) bezeichnet. Nur selten wird die Wortgruppe gebraucht, um die Rettung aus irdischen Gefahren zu beschreiben, so etwa die Rettung Schiffbrüchiger (Apg 27,20.31.34).[1] Heil ist im neutestamentlichen Sprachgebrauch überwiegend und ausgesprochen auf die Beziehung zu Gott gerichtet.

> Die neutestamentliche σωτηρία bezieht sich nicht auf irdische Verhältnisse. Ihr Inhalt ist weder, wie für griechisches Verständnis, Wohlergehen, Gesundheit Leibes und der Seele, noch eine irdische Befreiung des Volkes Gottes vom heidnischen Joch wie im Judentum […] Sie hat es nur mit dem Verhältnis des Menschen mit Gott zu tun.[2]

Und weil diese Gottesbeziehung durch Sünde zerstört ist, ist die Überwindung der Sünde die Voraussetzung für das Heil. Damit ist die Sündenvergebung die zentrale Heilserfahrung. Aus dieser Perspektive ist die Exklusivität von Jesus als Heilsbringer nachvollziehbar. Denn die

Heil ist ein Beziehungsbegriff. Es geht zunächst einmal um die Gemeinschaft von Gott und Mensch.

Überwindung der Sünde und damit die Wiederherstellung der Gottesbeziehung erfolgt durch Jesu Inkarnation, Tod und Auferstehung. Dieses Heil

[1] Schneider, Art. σῴζω, 370f.
[2] Foerster/Fohrer, Art. σῴζω, σωτηρία, σωτήρ, σωτήριος, 1003.

kann nicht durch Menschen hervorgebracht werden, weder durch die
Kräfte der Vernunft, noch durch einen moralischen Lebenswandel.

Ist damit alles zum Thema „Heil" gesagt? Ist es zu einseitig, Heil als
Sündenvergebung zu verstehen? Oder be-
steht gerade in der Konzentration auf die
Sündenvergebung das spezifisch christliche
Verständnis von Heil? Ist es nicht auch Heil,
wenn Lebensverhältnisse sich zum Positiven
wenden und Humanität gefördert wird? Präsentiert uns nicht das Alte Testament ein
auch die irdischen Zustände umfassendes
Heilsverständnis, demgegenüber die neutestamentliche Rede vom Heil als Sündenvergebung verkürzt erscheint?

Das und noch mehr sind
die grundsätzlichen Fragen,
die aktuell auf dem Tisch
liegen. Diskutieren Sie mit
unter heil@afbet.ch.

Jede christliche Lehre vom Heil wird bestätigen, dass es beim Heil ohne
Jesus nicht geht, sondern dass die Person von Jesus Christus im Kern dessen steht, was Heil ist. Und jede Rede vom Heil setzt das Bewusstsein von
Heilsbedürftigkeit voraus. Allerdings gibt es dabei deutlich unterschiedliche Akzentuierungen. Von welchem Heil ist die Rede? Von welchem Unheil muss befreit werden? Wie kommt das Heil zustande? Welche Auswirkungen hat das Heil?

Diese Fragen sind auch innerhalb der Diskussion rund um missionale
Theologien bedeutsam. Es könnte für das theologische Gespräch hilfreich
zu sein, mögliche Positionen zu kennen und zu benennen (unter 2.). Natürlich läuft man bei einer solchen holzschnittartigen Darstellung Gefahr, zu
stark zu vereinfachen und zu pauschalisieren.
Mir scheinen aber die Vorteile, die eine solche
knappe Darstellung mit sich bringt, zu überwie-
gen, weil sie eine schnelle Einordnung von
Heilsbegriffen ermöglicht. Als Ertrag präsen-
tiere ich einige Perspektiven, die ich im Blick
auf die Diskussion eines missionalen Heilsbegriffs als fruchtbar erachte (unter 3.).

Es geht in diesem Buch
nicht um missionale
Theologie allgemein,
sondern um das Heils-
verständnis.

2. Was ist Heil?

Der instruktive Artikel von Martin Seils zu den dogmatischen Aspekten
des Heilsbegriffs in der Theologischen Realenzyklopädie dient mir als

Grundlage, auf der ich meine Einstiegshilfe entwerfe.[3] Hier und da versuche ich, schon einen Bezug zur aktuellen Diskussion um ein missionales Heilsverständnis herzustellen.

Das Wort „Heil" ist ein dogmatisches Schlüsselwort von umfassendem Charakter (622). Aufgrund fehlender präziser Begriffsbestimmung dient der Begriff oft mehr als Schlagwort und weniger als Fachbegriff, das im Unterschied etwa zu „Rechtfertigung" – Zentralbegriff bei Martin Luther – oder „Erlösung" – Zentralbegriff in Karl Barths Soteriologie (623f).

2.1 Heilsmetaphoriken

Der schwedische Theologe Gustaf Aulén hat in seiner Analyse der Erlösungslehre[4] drei Typen unterschieden (624):

- Der klassische Typ: Heil als Erlösung (so z. B. bei Irenäus von Lyon)
- Der lateinische Typ: Heil als Genugtuung (so z. B. bei Anselm von Canterbury)
- Der subjektivistische Typ: Heil als Versöhnung (so z. B. bei Abaelard und Albrecht Ritschl)

Diese drei Typen unterscheiden sich vor allem nach der Metaphorik, die verwendet wird, um die Versöhnung zu beschreiben. Man kann in Weiterführung dieser Beobachtungen die aus meiner Sicht plausible Schlussfolgerung ziehen, dass eine Metaphorik allein nicht ausreicht, um die Fülle des Heilsbegriffs auszuloten. Das bedeutet homiletisch und dogmatisch, dass es sich lohnt, die Breite der biblischen Bildwelt zur Beschreibung des Heils aufzunehmen und nicht bei einem „Lieblingsmotiv" stehen zu bleiben. Timothy Keller regt an, dazu folgende biblische Themen und Motive zu verwenden: Exil und Heimat (Heil = Rückführung aus dem Exil in die Heimat); Bund (Heil = Erneuerung des Bundes mit Gott); Reich Gottes (Heil = Befreiung von der Macht des Bösen).[5]

All diesen Metaphoriken ist die Einsicht gemeinsam, dass die Menschen und die Welt auf das Heil angewiesen sind, dass sie sich in einem Unheilzustand befinden und dass sie das von Jesus verwirklichte Heil benötigen, um zu „der von ihnen erwarteten Gänze" zu kommen (625).

---

[3] Seils, Art. Heil und Erlösung, 622–637. Die Seitenzahlen im Text beziehen sich auf diesen Artikel. Dessen bleibende Relevanz wird u. a. daran deutlich, dass der fünfzehn Jahre später erschienene Artikel in RGG[4] keine substantiell neuen Informationen enthält, sondern im Wesentlichen eine Zusammenfassung von Seils bietet. Siehe Zehner, Art. Heil, 1524–1526.
[4] Siehe Aulén, Die drei Haupttypen des christlichen Versöhnungsgedankens.
[5] Keller, Center Church, 50–55.

2.2 Was ist Heil? Eine Übersicht

(1) Heils-intention	a) *supralapsarisch* durch Christus alles zur Vollendung bringen		b) *infralapsarisch* Überwindung der Sünde und ihrer Folgen	
(2) Heilsver-wirklichung	a) *Inkarnation* Vereinigung Gott/Mensch	b) *Kreuz/Auferst.* Zusammenhang Tod–Schuld	c) *Verkündi-gung und Ver-halten Jesu*	
(3) Heils-wirkung	a) *Theosis* Anteilhabe an Gott Befreiung von der Endlichkeit	b) *Begnadung* Gnadenstand ewige Seligkeit	c) *Heilsgewiss-heit* wortvermittel-ter Zuspruch	
	d) *Gottesbe-wusstsein* neues Mensch-Welt-Verhältnis	e) *Erwählung in Christus* Glaubende An-erkennung	f) *Progress* Reich-Gottes-Verwirklichung Emanzipation	

(1) Weshalb braucht es Heil?
Als erste Linie zur Unterscheidung dient uns die Frage nach der *Heilsintention* (625f). Dabei gibt es zwei grundsätzliche Optionen:

a) *supralapsarisch* (= vor dem Sündenfall): Gott hat von Anfang an das Ziel, den Menschen und die Welt zur Vollendung zu bringen.

b) *infralapsarisch* (= nach dem Sünden-fall): Das Heil besteht in der Überwin-dung von Sünde und Schuld. Die supra-lapsarische Sicht erhalte – so Seils – heute mehr Aufmerksamkeit, weil sie die Bearbeitung anthropologischer Fra-gen stärker erlaube und besser mit der Reich-Gottes-Verkündigung von Jesus Christus vermittelbar sei (625).

Ob man Heil supra- oder infralapsarisch versteht, hat weitreichende Konsequen-zen. Achten Sie darauf, wenn Sie die unterschiedli-chen Beiträge lesen.

Ich ergänze: Die supralapsarische Sicht erlaubt auch die Aufnahme der infralapsarischen, umgekehrt ist das nur schwer möglich. Das würde also bedeuten: Die Erlösung von der Sünde und ihren Folgen steht im Zentrum der Welt nach dem Sündenfall – denn ohne Sündenvergebung gibt es infralapsarisch keine Heilsverwirklichung –, sie beschreibt aber noch nicht

umfassend das gesamte Heil Gottes. Das wird aus biblisch-theologischen
Überlegungen etwa daran deutlich, dass die neue Welt Gottes nicht einfach
eine Reproduktion der ersten Welt Gottes ist, sondern diese deutlich über-
bietet. Im neuen Jerusalem gibt es nicht nur einen Baum des Lebens (Gen
2,9), sondern eine ganze Allee von Bäumen, die zwölfmal im Jahr Früchte
bringen (Apk 22,2). Dem Meer – der chaotischen Urflut – wurden in der
ersten Schöpfung Grenzen gesetzt, das gleiche gilt für die Finsternis der
Nacht (Gen 1,4–5 .9–10). In der Vollendung gibt es weder Meer noch
Nacht (Apk 21,1.25; 22,5). In der ersten Schöpfung durfte die „Schlange"
sich frei bewegen (Gen 3,1), in der neuen Welt Gottes gibt es für den Teufel
und sein Heer keinen Wirkungsraum mehr (Apk 20,14). Gottes Urteil über
der ersten Schöpfung („Es war sehr gut") bedeutet damit nicht, dass die
erste Schöpfung schon vollkommen war, sondern dass sie so war, wie Gott
sie zu sein beabsichtigte. Die erste Schöpfung zielt auf eine Vollendung
hin – auch ganz unabhängig vom Sündenfall der Menschen. Ich verstehe
das so, dass in der ersten Schöpfung der Raum für das Böse noch vorhanden war, dass es aber in der vollendeten Schöpfung keinen Raum für das
Böse und seine Mächte mehr gibt. Bedenkt man mit, dass auch supralapsarisch das Unheil darin besteht, dass das Böse in der Welt präsent ist – was
Seils leider nicht reflektiert – und dass das Heil in der vollständigen Überwindung des Bösen besteht, dann wird der Zusammenhang zwischen sup-
ralapsarischer und infralapsarischer Sicht gut deutlich: Es geht beim Heil
um die Überwindung der Macht des Bösen und damit auch um den Sieg
über Satan und sein Reich (siehe unten 3.c). Unter den Bedingungen der
Sünde – also diesseits des Sündenfalls – ist dabei die Vergebung der Sünden zentral. Erst von dort aus kommen weitere Dimensionen der Überwindung des Bösen in den Blick.

Missionale Theologen haben – so nehme ich es wahr – ein Gespür dafür
entwickelt, dass es zu kurz greift, das Heil auf die Sündenvergebung zu
reduzieren. Eine supralapsarische Sicht des Heils könnte zu einer theologisch fundierten Erweiterung des Heilsbegriffs beitragen. Eine solche Sicht
kann und darf eine infralapsarische Sicht aber nicht ersetzen, sondern muss
diese mit aufnehmen. Eine Ausweitung des Heilsbegriffs darf nicht zur
Verharmlosung der Sünde und ihrer Folgen führen.

(2) Wodurch kommt das Heil?
Als zweite Linie zur Differenzierung und Präzisierung des Heilsbegriffs
dient die Frage nach der *Heilsverwirklichung* (626–627). Allen christlichen
Sichtweisen ist gemeinsam, dass das Heil durch Christus verwirklicht wird.
Unterschiedliche Aspekte werden dabei betont:

a) Das Heil erfolgt durch die Verbindung von Gott und Mensch in der
    Inkarnation Jesu. Dieses Verständnis wurde besonders in der ost-
    kirchlichen Soteriologie entwickelt.
b) Das Heil erfolgt durch den *Kreuzestod* und die *Auferstehung* Jesu. Im
    Hintergrund steht dabei der Zusammenhang von Schuld, Sünde und
    Tod. Dieses System der Sünde wird durch Tod und Auferstehung
    durchbrochen. Damit wird das Heil für die Menschen verwirklicht.
c) Die *Verkündigung* und das *Verhalten* Jesu bringen das Heil. Diese
    anthropologisch und ethisch ausgerichtete Perspektive hat vor allem
    in modernen theologischen Strömungen Anklang gefunden. Jesus und
    seine Innovationsbewegung, die er in die Welt gebracht hat, dienen
    als Vorbild für menschliches Verhalten.

Die zweite Sicht (b) ist diejenige, welche im Mittalalter und in der Reformation vorherrschend war. Sie hat auch am meisten Support aus dem
Neuen Testament (627). Meist ist sie verbunden mit einem infralapsarischen Verständnis. Das ist jedoch meines Erachtens nicht zwingend, vor
allem nicht, wenn auch bei einem supralapsarischen Verständnis die Präsenz des Bösen in der Welt mitbedacht wird.

Nach meiner Wahrnehmung betonen Vertreter der missionalen Theologie zu Recht, dass man aus dem Christusgeschehen nicht nur ein Moment
herausgegriffen kann, an dem die Heilsverwirklichung dann festgemacht
wird. Vielmehr ist der ganze Weg des Christus, von seiner Menschwerdung
über sein Leben und seinen Tod bis zu seiner Erhöhung – und eigentlich
bis zu seiner Wiederkunft (siehe dazu unten 3.d) – für die Verwirklichung
des Heils relevant.[6] Dass dabei die Zentralität von Kreuz und Auferstehung
erhalten bleibt, ist auch für missionale Theologie entscheidend, auch gegen
alle Versuchung, um gesellschaftlicher Relevanz willen die Rede vom
Kreuz abzuschwächen.

> Dieses zentrale Stück christlichen Glaubens [=Kreuzgeschehen, Anm. d.
> A.] wird auch die missionale Theologie zusammenhalten, wenn sie daran
> festhält, und sicherstellen, dass sie stets weiß, wo ihre Mitte ist. Wenn man
> sich aufmacht, gesellschaftlich relevant zu sein, wird die Versuchung auf-
> tauchen, die Rede vom Kreuz abzuschwächen. Man wird feststellen, dass
> in der postmodernen Welt das Evangelium in der Sprache von Schuld und
> Sühne schwer zu vermitteln ist.[7]

---

6   So etwa Hardmeier, Kirche ist Mission, 251–297.
7   Hardmeier, Missionale Theologie, 223.

(3) Was bewirkt das Heil?

Die dritte Differenzierungslinie des Heilsbegriffs betrifft die *Heilswirkung* (627–629), also die Frage, was mit dem Menschen bzw. der Welt geschieht, wenn sie in das Kraftfeld des durch Jesus Christus verwirklichten Heils geraten. In dogmengeschichtlicher Perspektive können dabei folgende Optionen genannt werden:

a) *Anteilhabe an Gott* und damit verbunden die Befreiung von der Endlichkeit (theiosis, Alte Kirche).

b) *Begnadung* (Mittelalter). Heil beinhaltet die Versetzung des Menschen in einen Gnadenstand und seine Durchformung bis hin zu einer ewigen Seligkeit.

c) *Heilsgewissheit* (Reformation). Die Gnade haftet dem Menschen nicht seinsmäßig an, sondern wird ihm durch das Wort zugesprochen. Der Mensch wird dadurch in seinem Gewissen befreit.

d) Erneuertes Gottesbewusstsein (Schleiermacher). Die Freisetzung des Gottesverhältnisses erfolgt dabei als Beseitigung derjenigen Faktoren, die das Verhältnis des Menschen zur Welt stören.

e) Erwählung in Christus (Barth). Das Heil ist die glaubende Anerkennung der Verwirklichung der Gottebenbildlichkeit in Jesus Christus.

f) Progress (Befreiungstheologie). Das Heil besteht in der progressiven Verwirklichung des Reiches Gottes und zeigt sich in emanzipativer Praxis.

Die unterschiedlichen Vorstellungen der Heilswirkung weisen auf unterschiedliche anthropologische Bestimmungen der Gottebenbildlichkeit des Menschen hin. Sie zeigen, dass Heilsvorstellungen nicht davon zu lösen sind, wie man sich die schöpfungsmäßige Bestimmung des Menschen denkt. Hier kreuzen sich anthropologische und soteriologische Überlegungen.

a) und e) orientieren sich stärker an der Inkarnation, b) und c) an Kreuz und Auferstehung, d) und f) am vorbildlichen Leben Jesu. b) und c) passen gut zu einer infralapsarischen Heilsintention, alle andern Konzepte lassen sich gut mit einer supralapsarischen Sichtweise verbinden. Die Zuordnungen sind jedoch nicht zwingend. Andere Kombinationen sind durchaus möglich und denkbar.

Ganz unabhängig davon, welcher Variante man eher zuneigt, halte ich die Differenzierung von „Heilsverwirklichung" und „Heilswirkung" für wichtig. In einer ähnlichen Art und Weise differenziert Keller zwischen dem Evangelium und den Auswirkungen des Evangeliums: „Das Evangelium darf weder mit seinen Auswirkungen verwechselt werden noch völlig unabhängig davon betrachtet werden […] [Das Evangelium] bewegt uns zu einem Leben in der Liebe, doch das Leben in der Liebe ist noch nicht an sich das Evangelium."[8] In ähnlicher Weise könnte man zwischen dem Heil selber und den Auswirkungen des Heils differenzieren. Vielleicht würde das helfen, im Heilsbegriff präziser zu bleiben und nicht als Heil zu taxieren, was eine Auswirkung des Heils, nicht aber das Heil selber ist.

2.3 Unaufgebbare Einsichten

Seils entfaltet in seinem Artikel eine Reihe von Einsichten, die für das christliche Verständnis von Heil grundlegend sind (629–635). Ich referiere sie hier in Kurzform:

-   *„pro nobis"*: Das christliche Heilsverständnis basiert darauf, dass Jesus Christus „pro nobis" – für uns – dahingegeben wurde, gestorben und auferstanden ist. Das beinhaltet ein „anstelle von" und ein „zugunsten von". In Jesus hat sich Gott mit uns und unserem Unheil identifiziert („anstelle von") und in ihm hat er uns seine liebevolle Zuwendung geschenkt („zugunsten von"). Die Zuspitzung des „pro nobis" sagt aus, dass wir von uns selber aus nicht zum Heil gelangen und dass wir uns außerhalb von Christus in einer Lage der Heillosigkeit befinden.
-   *Trinitarische Bezüge*: Die Universalität des Heilshandelns Gottes in Jesus Christus ist nur dann festzuhalten, wenn sie auf die innere Bewegtheit Gottes zurückgeführt werden kann, aus der heraus Gott der Vater seinen Sohn in die Welt schickt und es durch den Heiligen Geist ermöglicht, dass das durch den Sohn verwirklichte Heil den Menschen zu eigen wird.
-   *Christologische Bezüge*: Die Heilsverwirklichung erfolgt dadurch, dass Gott in Jesus Mensch wurde und an der Not des Menschen – bis zum Tod – Anteil nahm. Damit ist auch deutlich, dass sich die Soteriologie am Ganzen des Christusgeschehens orientiert.
-   *Anthropologische Bezüge*: Das Heil fokussiert auf den Menschen *coram Deo*, also sein Verhältnis zu Gott. Die Erneuerung des Gottesverhältnisses wirkt sich lebensverwandelnd aus und schließt damit auch das Verhältnis des Menschen zu sich selbst, zu den Mitmenschen und zur Welt ein. Es gehört zu den zentralen Einsichten einer christlichen Anthropologie, dass der Mensch so verwickelt in die Unheilsgeschichte der Menschheit und der Welt ist, dass er sich selber nicht daraus befreien kann. Das Heil kommt *extra nos*, von außen.

---

8   Keller, Center Church, 41f.

- *Kosmologische Bezüge*: Das durch Christus verwirklichte Heil ist universal. Damit eröffnet sich die Perspektive auf alle Unheilszustände des Menschen und der Welt. Die Spannung zwischen gegenwärtiger Heilserfahrung und eschatologischer Heilsvollendung kann dabei nicht aufgelöst werden.

Die Zusammenfassung von Seils zeigt, wie reich und komplex das Heil und damit auch das Heilsverständnis ist:

> Aufgabe einer Soteriologie, die die kosmische Universalität des Christusheils heute auszudenken vermöchte, würde es auf jeden Fall sein, 'Heil' in kosmischen Zusammenhängen von der Schöpfung bis zum Eschaton zu bedenken, dies in einem geschichtlich-heilsgeschichtlichen Denken zu tun, ein umfassendes und auch die Probleme der gesellschaftlichen Dimension mitgreifendes Sündenverständnis zu entwickeln, das Christusheil als rettende und heilende Anteilnahme Gottes am Menschlichen im Menschen in und durch Jesus Christus und als 'Zusammenfassung' des Alls zu beschreiben, 'Heil' dabei nach seinen erlösenden, versöhnenden und genugtuenden Aspekten aufzufassen und die 'Heilsamkeit' des Heils so weit zu verstehen, dass sie sowohl den rechtfertigenden Zuspruch des Evangeliums an den einzelnen Menschen als auch das Wohl und das Glück des einzelnen und der Menschen betrifft und trägt. Immer wäre dabei mitzubedenken, dass das in und durch Christus gerettete und geheilte Leben nur der Vorgriff ewigen und seligen Lebens ist. (635)

3. Ertrag

Ausgehend von dieser Übersicht versuche ich, einige Erkenntnisse hervorzuheben, die meines Erachtens für die in diesem Band geführte Diskussion hilfreich sind:

a) *Die Vielfalt und Universalität des Heilsbegriffs*: Heil ist ein schillernder Begriff, weil die damit gemeinte Realität vielfältig ist und den ganzen Kosmos umfasst. Es wäre eine Scheuklappen-Theologie, diese Vielfalt zu begrenzen und die Universalität einzuschränken. Heil lässt sich nicht auf einen einzigen Aspekt reduzieren. Es ist daher richtig, dass in missionaler Theologie Wert daraufgelegt wird, das Heil „ganzheitlich" in den Blick zu nehmen. An diesem Anspruch muss missionale Theologie sich auch messen lassen: Ist das Heilsverständnis wirklich ganzheitlich genug? Oder werden bestimmte Aspekte ausgeblendet?

b) *Die Differenziertheit des Heilsbegriffs*. Der Artikel von Seils über das Heil zeigt, dass es sehr wohl möglich ist, unterschiedliche Aspekte des Heils in den Blick zu nehmen und gleichzeitig differenziert zu bleiben. Das Streben nach Ganzheitlichkeit darf nicht zur *Einebnung der Differenzen im Heilsbegriff führen*. Folgende drei Fragestellungen erlauben meines Erachtens sinnvolle Differenzierungen: (1) Wie verhält sich das Heil in der Beziehung zu Gott zum Heil in den innerweltlichen Bezügen? Die Differenzierung von vertikalen und horizontalen Aspekten des Heils könnte helfen, das Heil ganzheitlich in den Blick zu nehmen und gleichzeitig von der Mitte – vom Gottesbezug – her zu verstehen.[9] (2) Wie verhält sich vorläufiges zu ewigem Heil? Die Ausweitung des Heilsbegriffs auf innerweltliche Aspekte bringt die Frage mit sich, inwiefern vorläufige und damit auch potentiell umkehrbare positive Erfahrungen und Entwicklung als Heil identifizierbar sind. (3) Was ist das Heil an sich und was sind seine Auswirkungen? Im Blick auf eine präzise Verwendung des Heilsbegriffs, in der nicht einfach alles als Heil taxierbar ist, erscheint es angebracht, zwischen dem Heil an sich und den Auswirkungen des Heils zu differenzieren.

c) *Die ganzheitliche Sicht des Unheils.* Die Rede vom Heil setzt die Erfahrung und die Realität von Unheil voraus. Nach christlich-biblischem Verständnis verschärft sich die Realität des Unheils durch die Exklusivität von Jesus als Heilsbringer. Das Unheil ist so groß, dass der Mensch nicht sein eigener Heilsbringer sein kann. Darin besteht gerade die Pointe des Evangeliums, dass das Heil nicht von innen kommt, sondern von außen („*extra nos*") und dass in diesem Sinne Jesus exklusiver Heilsbringer ist. Wo der Mensch als Heilsbringer in den

Heils- und Unheilsverständnis bedingen sich gegenseitig.

Vordergrund gerückt wird, besteht die Gefahr, das Unheil – das Böse – zu verharmlosen. Damit verbunden ist oft auch das Ausblenden der dämonischen Dimension des Bösen. Wo diese Dimension nicht beachtet wird, wird auch die Rede vom Heil zu oberflächlich. Zu einem ganzheitlichen Heilsverständnis gehört daher meines Erachtens auch ein ganzheitliches Unheilsverständnis und damit auch die Perspektive der Überwindung des Teufels und der Dämonen.[10] Dieser Aspekt wird bei Seils nicht reflektiert. Er scheint mir aber notwendig zu sein im Blick auf das Verständnis von Tod und Auferstehung Jesu Christi als

---

9   Siehe dazu Schweyer, Salziges Salz, 66–71.
10 Siehe dazu Schweyer, Das Böse, 4–8. Aus der Fülle der Literatur greife ich heraus: Klaus Berger, Wozu ist der Teufel da?, Gütersloh 2001.

Sieg über den Teufel und seine Entourage. Schließlich ist die Perspektive des Dämonischen auch eschatologisch bedeutsam, denn die Vollendung der Welt setzt die vollständige Überwindung des Teufels voraus. Wenn die missionale Theologie eine ganzheitliche Sicht vom Heil anstrebt, dann bedingt das auch eine ebenso ganzheitliche Sicht des Unheils und damit auch des Dämonischen.

d) *Die eschatologische Perspektive.* Da und dort klingt im Artikel von Seils auch die eschatologische Perspektive an, indem er von der „eschatologischen Spannung" (633) spricht, in der die Christengemeinde hineingestellt wird. Neben dem Aushalten dieser Spannung scheinen mir zwei weitere Aspekte wichtig zu sein: (1) Die eschatologische Vollendung ist nicht einfach nur die Wiederherstellung der ursprünglich guten Schöpfung, sondern eine weit darüberhinausgehende Wirklichkeit, in der das Böse nicht mehr präsent ist. Das wird in einem supralapsarischen Heilsverständnis deutlicher gesehen als in einem infralapsarischen. Heil ist damit nicht nur die Zurückversetzung in einen früheren Zustand, sondern Überbietung dieses ursprünglichen Zustands, nicht nur Wiederherstellung eines schon mal Dagewesenen, sondern Herstellung eines Neuen, eines „noch mehr"[11]. Diese Perspektive löst eine nach vorne in die Zukunft drängende Dynamik aus. Die Heilsschau ist weniger retrospektiv als prospektiv. Nicht eine verlorene Vergangenheit, sondern eine herrliche Zukunftsvision prägt die christliche Heilshoffnung. (2) Die eschatologische Perspektive impliziert, dass auch der wiederkommende und die Welt richtende und zur Vollendung führende Christus bedacht wird. Seils und Vertreter der missionalen Theologie betonen, dass die Heilsverwirklichung am Ganzen des Christusgeschehens hängt. Das ist richtig. Das beinhaltet aber nicht nur Inkarnation, Leben, Tod, Auferstehung und Himmelfahrt, sondern auch Wiederkunft und Gericht, so wie es im Apostolischen Glaubensbekenntnis heißt: „Von dort wird er kommen, zu richten die Lebenden und die Toten".[12]

Halleluja!
Das Heil und die Herrlichkeit
und die Macht
sind in der Hand unseres Gottes.
Apk 19,1

---

[11] Vgl. Loos, Das Heil in der missionalen Theologie, 87.
[12] Siehe dazu Schweyer, Gesunder Glaube, 115–121.

Bibliographie

Aulén, Gustaf: *Die drei Haupttypen des christlichen Versöhnungsgedankens*, ZSTh 8 (1931), 501–538.

Foerster, Werner/*Fohrer*, Georg: Art. σῴζω, σωτηρία, σωτήρ, σωτήριος, in: ThWNT Bd. 7 (1964), 966–1024.

Hardmeier, Roland: *Kirche ist Mission. Auf dem Weg zu einem ganzheitlichen Missionsverständnis*, Edition IGW 2, Schwarzenfeld 2009.

Ders.: *Missionale Theologie. Evangelikale auf dem Weg zur Weltverantwortung*, Edition IGW 7, Schwarzenfeld 2015.

Keller, Timothy: *Center Church deutsch. Kirche in der Stadt*, Worms 2015.

Loos, Andreas: *Das Heil in der missionalen Theologie. Ein Gesprächsangebot aus trinitätstheologischer Sicht*, in: Harald Seubert (Hrsg.), Mission und Transformation. Beiträge zu neueren Debatten in der Missionswissenschaft, Studien zu Theologie und Bibel 12, Wien 2015, 81–94.

Schneider, Johannes: Art. σῴζω, in: TBLNT Bd. 1 (1997), 369–374.

Schweyer, Stefan: *Gesunder Glaube. Nahrhafte Impulse zum Apostolischen Glaubensbekenntnis*, Riehen 2013.

Ders.: *Salziges Salz. Welche Kirche braucht die Welt?*, in: Harald Seubert (Hrsg.), Mission und Transformation. Beiträge zu neueren Debatten in der Missionswissenschaft, Studien zu Theologie und Bibel 12, Wien 2015, 63–79.

Ders.: *Das Böse*, in: Magazin Insist 4/2015, 4–8.

Seils, Martin: Art. *Heil und Erlösung. IV. Dogmatisch*, TRE Bd. 14 (1985), 622–637.

Zehner, Joachim: Art. *Heil: III. Dogmatisch*, in: RGG⁴ Bd. 3 (2000), 1524–1526.

Historische Streiflichter zum Heilsbegriff Missionaler Theologie[1]

Hannes Wiher

Einleitung

Nachdenken über missionale Theologie ist für einen Missionswissen-schaftler eine große Freude. In der Kirchengeschichte wurden seit der Konstantinischen Wende im vierten Jahrhundert Theologie und Mission wie auch Kirche und Mission immer mehr getrennt gedacht. Die Bewegung der missionalen Theologie ist ein willkommener Versuch, dies zu korrigieren. Der vorliegende Beitrag zeigt, in welchem Zusammenhang die geschichtlichen und theologischen Hintergründe missionaler Theologie mit ihrem Heilsverständnis stehen. Leitend sind die folgenden vier Fragestellungen:

1. Was bedeutet missional?
2. Was ist missionale Theologie?
3. Was ist Mission?
4. Wie hängen Missions- und Heilsverständnis zusammen?

1. Was bedeutet missional?

Christopher Wright definiert den Begriff „missional" wie folgt: „*Missional* ist ein Adjektiv, das etwas bezeichnet, welches einen Bezug hat zur Mission oder die Qualitäten, Attribute oder Dynamiken der Mission hat. Missional ist zum Begriff *Mission*, was instrumental zu *Instrument* ist."[2] Die vom IGW vorgeschlagene Definition geht darüber hinaus, indem sie das Konzept der *missio Dei* miteinbezieht: Der Begriff missional „umschreibt eine durch und durch dem missionarischen Sein und Handeln Gottes in dieser Welt verpflichtete und davon durchdrungene Denk- und Handlungsweise."[3]

Es ist unklar, wer den Begriff „missional" eingeführt hat und wann er eingeführt worden ist. Klarer ist, wo und warum er eingeführt worden ist, nämlich im angelsächsischen Sprachraum, um das neue Missionsverständnis vom alten abzugrenzen, das von den Schattenseiten des Kolonialismus

---

[1] Dies ist eine überarbeitete und gekürzte Fassung des Referats an der AfbeT-Tagung vom 30. Juni 2014. Der Vortragsstil wurde beibehalten.
[2] Wright, The Mission of God, 24 (eigene Übersetzung).
[3] IGW, 12 Thesen zur missionalen Theologie, 4.

und der Missionsbewegung belastet ist. Gängig ist der Begriff seit der Publikation von Darrell Guder und Lois Barrett im Jahr 1998.[4] „Missional" wurde also von Anfang an im Zusammenhang mit der Gemeinde gedacht. So wie ihn Chr. Wright, der Koordinator der theologischen Kommission der Lausanner Bewegung und Hauptautor der Kapstadt-Verpflichtung (2010), definiert, kann alles in ihn hineingelegt werden. Seit seiner Einführung wurde der Begriff denn auch mit so unterschiedlichen semantischen Bedeutungsfeldern gebraucht, dass verschiedene Missiologen vorgeschlagen haben, ihn nicht mehr zu benutzen. Andere sehen darin eine Chance, den Missionsbegriff zu überdenken und mit neuen Inhalten zu füllen. Dies zeigt, dass die Definition des Missionsbegriffs eine ganz zentrale Problematik der Missionswissenschaft darstellt. Wir werden deshalb im fünften Punkt darauf zurückkommen.

Soll man nun den neuen Begriff „missional" benutzen oder besser beim alten Begriff „missionarisch" bleiben? Ein neuer Begriff wird die Probleme des alten Begriffs nicht automatisch lösen, besonders wenn die Problematik der Definition des Missionsbegriffs nicht im Bewusstsein ist. Auf die Altlasten und die Definitionsproblematik wird in den folgenden Abschnitten noch einzugehen sein. Wie man sich auch entscheidet, der neue Begriff bleibt eine leere Worthülse, so lange man ihn nicht näher definiert. Theologen aus dem globalen Süden und viele aus dem Norden ziehen den unbelasteten neuen Begriff vor.

2. Was ist missionale Theologie?

2.1 David Bosch und die missionarische Theologie

In *Mission im Wandel* geht Bosch von der „Grundlagenkrise der Mission"[5] aus: Seit es Christen auf der ganzen Welt gebe und die europäischen Kirchen durch den Kolonialismus und den Nationalsozialismus ihre Glaubwürdigkeit verloren haben, d. h. seit der Mitte des 20. Jahrhunderts, sei es nicht mehr klar, was Mission sei. Solange es bei Mission lediglich um Seelenrettung gehe, bleibe sie ein optionaler Zusatz zur Theologie. Mission müsse sich aber mit allen Aspekten des Lebens befassen, wenn sie aktuell sein wolle. Wenn Theologie Reflexion über den Glauben und Mission ein Ausdruck des christlichen Glaubens sei, so müsse Theologie über Mission nachdenken. In Anlehnung an Anderson hört für Bosch die Theologie auf Theologie zu sein, wenn sie ihren missionarischen Charakter verliert. Die

4 Guder; Barrett, Missional Church.
5 Der Ausdruck wurde geprägt von Vicedom, Missio Dei – Actio Dei, 178–180.

Reflexion über die theoretischen und praktischen Aspekte der Mission müsse alle Disziplinen der Theologie durchdringen.[6]

2.2 Eine missionale Hermeneutik der Bibel als Voraussetzung der missionalen Theologie

Auch Chr. Wright denkt über eine missionarische Theologie nach, benutzt aber nun den Begriff „missional." Er geht über eine theologische Begründung der Mission hinaus zu einer missionalen Theologie der Bibel, ja zu einer missionalen Christuszentrierung. Christus, der Sohn Gottes, ist nicht nur Herr und Erlöser, sondern auch der Gesandte Gottes und der die Gemeinde Sendende. Nach Chr. Wright muss eine christozentrische Theologie notwendigerweise auch missional sein. Als logische Folge schlägt er eine christologische und missionale Hermeneutik der Bibel vor. Nach seiner Definition „geht eine missionale Hermeneutik von der Annahme aus, dass die ganze Bibel die Geschichte von Gottes Mission erzählt, welche er mit seinem Volk in seiner Welt um seiner ganzen Schöpfung willen ausführt."[7] Die ersten beiden Kapitel seines Buches *The Mission of God* skizzieren eine solche missionale Hermeneutik. Diese ist natürlich nicht unumstritten. Wenn aber die Wiederherstellung der Beziehung zwischen Gott und dem Menschen Gottes zentrales Anliegen zwischen Genesis 3 und Apk 20 ist, dann wäre eine missionale Hermeneutik der Bibel nur logisch.

Eine Reihe weiterer Theologen und Missiologen hat andere Arten einer missionalen Hermeneutik vorgeschlagen. George Hunsberger stellt eine Typologie der verschiedenen Vorschläge auf.[8] Eine Synthese unterschiedlicher Ansätze zu einer theologischen und missiologischen Hermeneutik bietet Shawn Redford.[9] So scheint eine missionale Hermeneutik der Bibel Voraussetzung für eine missionale Theologie zu sein.

2.3 Beispiele missionarischer Theologien

Im 20. Jahrhundert haben verschiedene Theologen Entwürfe vorgelegt, welche eine missionarische Hermeneutik und Theologie einschließen. Da der Begriff „missional" aber erst am Ende des 20. Jahrhunderts eingeführt wurde, kann bis jetzt nicht wirklich von einem Entwurf einer missionalen Theologie gesprochen werden.

Karl Barth hat in seiner *Kirchlichen Dogmatik* Grundzüge einer missionarischen Theologie entworfen. Er hebt die in der scholastischen Theologie

---

[6]   Bosch, Mission im Wandel, 2, 577–585.
[7]   Wright, The Mission of God, 51 (eigene Übersetzung).
[8]   Hunsberger, Proposals for a Missional Hermeneutic.
[9]   Redford, Missiological Hermeneutics.

starke Trennung zwischen immanenter und ökonomischer Trinität und zwischen Gott und seiner Gemeinde auf. Barth kommt zu folgendem Schluss: Wenn der biblische Gott ein sendender Gott ist, dann muss ja wohl die Gemeinde auch eine Gesandte, d. h. eine missionarische Gemeinde, und Theologie eine trinitarische und missionarische Theologie sein.[10] Meines Erachtens ist das ein Idealbild von Gemeinde, war doch in der Geschichte die Kirche öfters Hindernis als Werkzeug der Mission. Die missionale Gemeinde-Bewegung riskiert, dieses Idealbild aufzunehmen, wenn sie die Realität der Kirchengeschichte vergisst.

Hans Urs von Balthasar geht in seiner Trilogie noch weiter als Barth und beginnt seine Fundamentaltheologie mit einer europäischen Geistesgeschichte. Er geht damit in einem klassisch missiologischen Dreischritt vor: Analyse der Kultur, biblisch-theologische Analyse, missionarische Theologie.[11]

Recht unbekannt im deutschsprachigen Raum ist das Werk von James McClendon, einem mennonitischen Theologen. Er widmet den letzten der drei Bände seiner *Systematic Theology* der Mission. In diesem Zusammenhang sind auch die beiden missiologischen Entwürfe von Chr. Wright, *The Mission of God*, und Timothy Tennent, *Invitation to World Missions*, zu erwähnen. Nach meinem Referat erschienen ist Roland Hardmeiers *Missionale Theologie*.[12] Es verbindet in seinem Aufbau die theologische Begründung der Mission durch die *Missio Dei* mit dem ganzheitlichen Evangelium der radikalen Evangelikalen und dem Konzept der missionalen Gemeinde und schafft damit eine ansprechende Synthese und Einführung zugleich.

Barth und von Balthasar wählen einen trinitarischen Ansatz, McClendon und Hardmeier einen christozentrischen. All diese Projekte sind aber noch nicht wirklich als missionale Theologien, auch nicht als voll ausformulierte missionarische Theologien zu bezeichnen. Eine solche müsste erst noch formuliert werden.

---

[10] Siehe Karl Barth, KD III/2, 610; III/4, 578f.; IV/3, 2, 981; IV/4, 110, diskutiert in Wiher, Missio Dei, Teil 1, 38–49.

[11] Von Balthasars Trilogie umfasst 15 Bände, welche in den folgenden drei Publikationen zusammengefasst sind: Hans Urs von Balthasar, Herrlichkeit. Eine theologische Ästhetik, Einsiedeln 1969–1972; Theodramatik, Einsiedeln 1973–1983; Theologik, Einsiedeln 1985–1988.

[12] Die genannten Werke finden sich in der Bibliographie.

3. Was ist Mission?

Für Bosch ist Mission undefinierbar. Es gehe vielmehr darum, sich der Mission von verschiedenen Seiten her anzunähern.[13] Ich werde dies im Folgenden versuchen, dann aber doch eine Definition vorschlagen.

3.1 Sendung oder Auftrag? Begriffliche Annäherung

Eine erste Annäherung ist mittels einer Reflexion über *apostellô* und *euangelizomai* möglich. Seit der großen Missionsbewegung im 19. Jahrhundert und den Arbeiten des Vaters der Missionswissenschaft, Gustav Warneck, wird Mission als Sendung aufgefasst und mit der Sendung in den Missionsbefehlen begründet. Der Begriff der Sendung ist wichtig in der Bibel. Worte im semantischen Begriffsfeld von „senden" (lat. *mitto, missio*) kommen häufig vor.[14] Damit stellt sich die Frage: Wie weit soll Sendung verstanden werden? Und soll der Missionsbegriff auch auf den in die Sendung eingeschlossenen Auftrag ausgedehnt werden? Gibt es einen Auftrag ohne Sendung? In der Missiologie gibt es eine Tendenz weg von einem engen Sendungsbegriff hin zu einer stärkeren Berücksichtigung des Auftrags. Dieser letztere stellt ja im säkularen Bereich die einzige Bedeutung dar, wie z. B. die diplomatische oder militärische Mission und das „Mission Statement" einer Organisation. Als Extremposition sieht Chr. Wright auch einen Auftrag ohne Sendung als Mission.[15] Dies kann zu einem beliebigen Missionsbegriff führen.

Ein Zugang zur Definition dieses Missionsauftrags basiert auf der Analyse von *euangelizomai*, wörtlich „das Evangelium zu verkünden." *Euangelizomai* beschreibt im NT in circa der Hälfte der Fälle eine verbale Kommunikation (parallel mit einem anderen Wort für verbale Kommunikation oder antithetisch zu einem Wort für nonverbale Kommunikation). *Keryssô to euangelion* kann bei diesem Gebrauch als Synonym betrachtet werden.

In der anderen Hälfte der Fälle beschreibt *euangelizomai* den gesamten Dienst Jesu und der Apostel, ihre Proklamation und Präsentation des Evangeliums. Darin ist die verbale Kommunikation des Evangeliums natürlich eingeschlossen. *Martys* und *mathèteuô* können bei diesem Gebrauch als Synonyme, und *apostellô* als Voraussetzung betrachtet werden. Mission wäre dann sozusagen identisch mit Evangelisation. Diese Interpretation

---

[13] Bosch, Mission im Wandel, 10-13.
[14] Im AT *shalah* 847 Belege; im NT *apostellô* 131 Belege und *pempô* 79 Belege. Siehe M. Delcor; E. Jenni, Art. *shalah* senden, in: THAT, Bd. II, 910f.; D. Müller, Art. *apostellô* Apostel, in: TBLNT, Bd. I, 32.
[15] Wright, The Mission of God, 23.

spiegelt sich im Namen des Lausanner Komitees für Weltevangelisation. Damit nimmt das NT die Einsicht der Kommunikationstheorie vorweg, dass nur eine ganzheitliche Kommunikation effizient ist: Taten bestätigen die Worte, und Worte erklären die Taten und das Sein. Das Evangelium kann aber nicht erfunden, es muss gesagt werden (Röm 10). Nach der ökumenischen Bewegung eigneten sich die sogenannten „radikalen Evangelikalen" und neuerdings auch die Lausanner Bewegung und die missionale Theologie dieses ganzheitliche Verständnis des Missionsauftrags an.

3.2 Die geographische und kulturelle Dimension der Mission

Eine zweite Annäherung ist über die geographische und kulturelle Dimension der Mission in den Missionsbefehlen möglich. Lukas gibt uns zu Beginn der Apostelgeschichte den programmatischen Schlüssel zur geographischen Entwicklung der Mission: Mission geht von Jerusalem über Judäa und Samaria bis an die Enden der Welt (Apg 1,8). Mission beginnt vor der Haustür und weitet sich zur Weltmission aus. Was ist also der Unterschied zur Evangelisation? Ihr Ziel sind alle Völker (*panta ta ethne*, Mt 28,19; Lk 24,47) und die ganze Welt (*ton kosmon apanta*, Mk 16,15). Bei der Vielzahl der Völker auf dieser Erde bedingt dies notwendigerweise einen interkulturellen Dienst.

3.3 Drei Definitionen von Mission in der Geschichte

In der Kirchengeschichte kann man drei vorherrschende Definitionen von Mission unterscheiden: die geographische, die ekklesiozentrische und die theologische Definition. Seit dem 4. Jahrhundert geschah Mission geographisch weit weg, damals bei den „Barbaren" außerhalb der Grenzen des römischen Reiches, ab dem 19. Jahrhundert in Afrika, Asien und Lateinamerika. Bei uns evangelisiert man. Dies besagt die traditionelle *geographische Definition*. Diese Unterscheidung ist aber biblisch nicht aufrecht zu erhalten und überholt, seit es überall auf unserem Planeten Christen gibt.

Die *ekklesiozentrische Definition* sieht Mission als eine Dimension und Struktur der Kirche. Diese Definition ist vorherrschend in der katholischen und orthodoxen Kirche, und zwischen 1850 und 1950 auch in der protestantischen Missionsbewegung. Die Missionskonferenz in Willingen (1952) war noch dieser Sicht verhaftet und fragte: Welches ist die missionarische Verpflichtung der Gemeinde? Mit dem Vertrauensverlust in die europäischen Kirchen aufgrund der Weltkriege und der Einbindung in den Nationalsozialismus ist auch diese Definition überholt. Fällt das Konzept der missionalen Gemeinde nicht auch in eine ekklesiozentrische Definition hinein?

Die Missionskonferenz in Willingen (1952) war gleichzeitig Wiege der *theologischen Definition*. Mission sollte aus der Vereinnahmung der Kolonialmächte, der Kirchen und der Missionsgesellschaften herausgenommen werden und ein neues, solideres Fundament erhalten. Karl Hartenstein und später Georg F. Vicedom versuchten, in der Trinität eine neue Begründung der Mission zu finden.[16]

Wie ist Mission zu verstehen?

- geografisch als etwas, das im Ausland geschieht?
- ekklesiozentrisch als Aufgabe und Handeln der Kirche/Gemeinde?
- theologisch als etwas, das von Gott selbst ausgeht?

3.4 Trinität und Mission: Missio Dei

Hartenstein und Vicedom nahmen den katholischen Missio Dei-Begriff wieder auf, stellten also den Bezug zwischen Trinität und Mission her. Dieser Begriff ist aber wie der Missionsbegriff eine Worthülse, die für ganz verschiedene Konzepte gebraucht und missbraucht wurde. So kann einerseits Gottes Schöpfungshandeln oder sein Handeln in der Geschichte seine Mission sein oder andererseits nur sein spezifisches Heilshandeln. Helmut Rosin nennt den Missio Dei-Begriff ein „trojanisches Pferd".[17] Es ist also bei seiner Verwendung Vorsicht geboten.

Lesslie Newbigin hat sich seinerzeit bereits um eine trinitarische Begründung der Mission bemüht.[18] Er ist von einer zunächst christozentrischen Missiologie zu einer trinitarischen umgeschwenkt. Die trinitarische Begründung der Mission – und damit die theologische Definition der Mission – stellt heute unter Missiologen einen allgemeinen Konsens dar.

3.5 Gemeinde und Mission

Wenn der biblische Gott missionarisch ist, so ist es logisch, dass auch seine Gemeinde missionarisch ist. Wir wollen uns nun fragen, wie die Beziehung zwischen Gemeinde und Mission zu denken ist.

3.5.1 Ist die Gemeinde von Natur aus missionarisch?
Ist Gemeinde nun wirklich missionarisch, und das von Natur aus? Ein Blick in die Bibel zeigt, dass die neutestamentliche Gemeinde und die neutestamentliche Mission nach der Ausgießung des Heiligen Geistes an Pfingsten

---

16   Hartenstein, Übergang und Neubeginn, 334–345; ders., Theologische Besinnung, 51–72; Vicedom, Missio Dei – Actio Dei, 32–36.

17   Rosin, Missio Dei, 26.

18   Siehe dazu Newbigin, Trinitarian Doctrine for Today's Mission.

in etwa gleichzeitig entstanden sind. Beide haben alttestamentliche Vor-
läufer: die israelitische Versammlung (*qahal*) und der Segnungsauftrag
Abrahams und Israels. Zur Begründung der missionarischen Natur der Gemeinde wird heute – wie schon in Willingen – Joh 20,21 zitiert: „Wie mich
der Vater gesandt hat, so sende auch ich euch." Die Frage ist nun, ob diese
missionarische Sendung die Natur betrifft oder ob es sich um eine Berufung handelt, der es nachzuleben gilt. Ein Blick in die Kirchengeschichte
zeigt, dass die Gemeinde über Jahrhunderte nicht missionarisch war. Das
heißt, dass die Gemeinde in Gottes Heilsplan mindestens ebenso oft ein
Hindernis als ein Werkzeug darstellte. Es scheint deshalb schwierig zu de-
klarieren, dass Gemeinde von Natur aus missionarisch sein soll. Wenn man
die sündige Natur des Menschen und der Gemeinde in Betracht zieht, tendiert man zur Ansicht, dass sie „aus Berufung missionarisch" ist. Hat man
eher die Gottebenbildlichkeit des Menschen im Blick, so kann man leicht
an eine „missionarische Natur" der Gemeinde, und damit an die missionale
Gemeinde, glauben.

3.5.2 Die missionarische Dimension der Gemeinde
Wo ist die missionarische Dimension der Gemeinde? Sich auf die Ekklesiologie von Hendrikus Berkhof stützend unterscheidet Marc Spindler drei
Dimensionen der Gemeinde: 1) die vertikale Dimension der Anbetung (*leiturgia*), 2) die gegen innen gerichtete Dimension von Lehre und Gemeinschaft (*koinonia*), und 3) die gegen außen gerichtete Dimension von Zeugnis und Dienst (*martyria & diakonia*).[19] Die missionarische Dimension ist
vor allem in der Bewegung der Gemeinde in die Welt, der äußeren Dimension, sichtbar, sollte aber überall vorhanden sein.

3.5.3 Die Strukturen im Reich Gottes
Es bestehen verschiedene Ansichten über die Zahl und Art der Strukturen
im Reich Gottes. Die katholische und die orthodoxe Kirche wie auch der
namhafte mennonitische Missiologe George W. Peters sind der Ansicht, es
gebe eine einzige Struktur im Reich Gottes: die Kirche respektive die Gemeinde. Ausbildungsstätten, humanitäre Organisationen und Missionsgesellschaften sind somit „para-ekklesiastische" und vergängliche Strukturen. Nur die „Braut Christi" wird dieses Zeitalter überleben (Apk 19,7;
21,2).

Andere wie Ralph Winter sehen in der Gemeinde die Sammlung und in
der Mission die Sendung. Die Missionsgesellschaften seien nicht einfach
wegen der nicht missionierenden Gemeinden entstanden, sondern weil
Gott es von Anfang an so vorgesehen hat. Winter erinnert an die Gemeinde

---

[19] Spindler, La mission. 42–73.

in Antiochia und die mobilen missionarischen Teams des Paulus, die seit neutestamentlichen Zeiten und nicht erst seit der Missionsbewegung als Modelle der zwei Strukturen bestehen.[20] Allerdings greift Winters Sicht zu kurz: Die Gemeinde in Antiochia ist nicht nur Sammlung, sondern auch eine sendende Gemeinde (Apg 11,19f).

Patrick Johnstone, der Verfasser von *Gebet für die Welt*, sieht neben Gemeinde und Mission in den Ausbildungsstätten eine dritte Struktur. Mit der gleichen Logik könnten noch die humanitären Organisationen als vierte Struktur des Reiches Gottes hinzugenommen werden.

3.5.4 Kontextualisierungen von missionaler Gemeinde
Die Emerging Church Bewegung kann als Kontextualisierungsversuch von missionaler Gemeinde für die westliche postmoderne Welt verstanden werden. Demgegenüber sind die Insider-Bewegungen Kontextualisierungsversuche für muslimische, hinduistische und buddhistische Gesellschaften. Beide gehen gemäß dem amerikanischen Vorbild pragmatisch und dementsprechend wenig theologisch vor.

3.6 Mein Vorschlag für eine Definition der Mission

In der Bibel ist Mission auf die Tatsache gegründet, dass Gott der Vater seinen Sohn und seinen Geist in die Welt gesandt hat, um die Beziehung zwischen ihm und dem Menschen wiederherzustellen. Dieser sendende Gott will jeden Jünger Jesu, und dementsprechend die ganze Gemeinde, in seine Mission einbeziehen, damit Menschen aus jedem Volk und aus jeder Kultur zu seiner Erkenntnis gelangen, sich ihm zur Verfügung stellen und sich in Gemeinden sammeln. Die Mission der Gemeinde schließt das Überqueren von sprachlichen, sozialen, kulturellen und religiösen Grenzen mit ein, aber besonders derjenigen zwischen Glauben und Unglauben. Sie beinhaltet eine ganzheitliche und interkulturelle Kommunikation des Evangeliums. Sie zielt auf die Umkehr der Menschen zu Gott, auf Jüngerschaft und Gemeindegründung und schließlich auf die Ehre Gottes. Sie beginnt in unserem Umfeld und reicht bis an die Enden der Erde.

4. Wie hängen Missions- und Heilsverständnis zusammen?

Wie beeinflusst und prägt nun das Missionsverständnis die Auffassung vom Heil? Ein erster Zugang zu dieser Frage ergibt sich aus dem Verhältnis von Schöpfungs- und Missionsauftrag.

---

[20] Winter, The Two Structures of God's Redemptive Mission.

4.1 Schöpfungs- und Missionsauftrag

Als *Kultur-* oder *Schöpfungsauftrag* wird Gottes Auftrag an Adam und Eva gesehen, die Erde zu bevölkern und zu bebauen:

> Seid fruchtbar und mehret euch und füllet die Erde und machet sie euch untertan und herrschet über die Fische im Meer und über die Vögel unter dem Himmel und über das Vieh und über alles Getier, das auf Erden kriecht. [...] Und Gott der Herr nahm den Menschen und setzte ihn in den Garten Eden, dass er ihn bebaute und bewahrte (Gen 1,28; 2,15).

Gottes Ziel ist das Wohlergehen des Menschen, der *shalom*. Hinter diesem Begriff verbirgt sich eine ganzheitliche Größe, gleichzeitig materiell und immateriell, zeitlich und ewig, gegenwärtig und zukünftig, aber immer eine Gabe Gottes. Gott möchte mit dem Menschen in persönlicher Gemeinschaft leben. Er formt diese Beziehung in verschiedenen Bundesschlüssen aus. Aber der Mensch möchte autonom werden. Er kündigt die Gemeinschaft mit Gott auf (Gen 3).

Auf diese Problemsituation antwortet Gott und kündigt zunächst die Sendung des Sohnes der Frau an, welcher das Böse besiegen wird (Gen 3,15), und sendet später Abraham (Gen 12,1–3). Der Auftrag an Abraham, ein Segen für alle Familien der Erde zu sein, wird als *Missionsauftrag* verstanden. Ist dieser Segnungsauftrag nun als Rückführung des Menschen zurück in die Gottesbeziehung oder als ganzheitlicher Schalom zu verstehen? Nach der traditionellen Auffassung wird dieser Segnungsauftrag Abrahams in den Missionsbefehlen am Ende der Evangelien und am Anfang der Apostelgeschichte ausformuliert. Damit wäre die engere Interpretation zu wählen, welche die Missionsbewegung des 19. Jahrhunderts motiviert hat. Neuere Entwürfe, die Lk 4,18f. und Joh 20,21 einbeziehen, verfolgen ein ganzheitliches Missions- und Heilsverständnis, welches geistliche, soziale und politische Dimensionen einschließt und damit am Konzept eines ganzheitlichen Schalom anschließt. Diese Ansätze kamen zunächst aus dem ökumenischen Lager, seit den 1970er Jahren auch aus dem Lager der sogenannten „radikalen Evangelikalen" und werden seit der Konferenz von Manila (1989) von der Lausanner Bewegung aufgenommen.

Sind Schöpfungs- und Missionsauftrag identisch? Wenn nicht, was unterscheidet sie?

Die Frage ist nun, ob der Missionsauftrag ebenso ganzheitlich zu verstehen ist wie der Schöpfungsauftrag. Mission wäre demnach alles, wofür die Gemeinde in die Welt gesandt ist. Dies ist die Definition von John Stott, welche ein ekklesiozentrisches und ganzheitliches Missionsverständnis darstellt. Missions- und Heilsverständnis werden damit weit gefasst. Oder wäre eine Differenzierung zwischen Schöpfungs- und Missionsauftrag aufrecht zu erhalten? Wenn ja, wie? Wenn ich die Bibel recht verstehe, ist ihr Hauptanliegen das ewige Heil des Menschen. Dieses wird durch einen eng definierten Missionsauftrag wahrgenommen. Die Mission Jesu wird in diesem Sinn definiert (Mk 10,45; 1Joh 3,8). Ein eng definierter Missionsauftrag schließt aber eine ganzheitliche, d. h. verbale und nonverbale, Evangelisation und soziale Verantwortung einschließende Kommunikation nicht aus. Ein „christozentrisches Schalom" könnte den ganzheitlichen, auf Herstellung der Beziehung mit Gott zentrierten Heilsauftrag umschreiben. Jedenfalls weist Jesu Name in diese Richtung.

Traditionellerweise hielten die europäischen Theologen und Missiologen mit ihrem weitgehend dualen Weltverständnis an einer Unterscheidung von Schöpfungs- und Missionsauftrag fest. Ein gutes Beispiel ist John Stott vor dem ersten Lausanner Kongress. Dort traf er René Padilla und Samuel Escobar, südamerikanische Theologen mit einem ganzheitlichen Weltverständnis, die keinen Grund sahen, zwischen Schöpfungs- und Missionsauftrag zu unterscheiden. Das heutige Vorherrschen eines ganzheitlichen Missions- und Heilsverständnisses könnte weitgehend auf die Dominanz der Theologen aus dem Süden und der durch die Postmoderne veränderten nordeuropäischen und nordamerikanischen Kultur und Weltsicht zurückzuführen sein.[21]

4.2 Das Missionsverständnis bedingt das Heilsverständnis

Ein anderer Zugang zu diesem Verhältnis ergibt sich aus der Frage: Wo beginnt Mission in der Bibel? Beginnt Mission nach Kreuzigung und Auferstehung Christi und seinem Missionsbefehl? So haben es viele Missiologen und die Missionsbewegung des 19. Jahrhunderts gesehen. Mission wurde weitgehend durch die Missionsbefehle[22] definiert. Diese Sicht bedingt eine enge Definition der Mission und dementsprechend auch des Heilsverständnisses.

Wie eng hängen Heils- und Missionsverständnis zusammen?

Oder beginnt Mission mit dem Auftreten Jesu in Lk 4,18f.? In Lk 4, eine Stelle, die in der missiologischen Diskussion seit der Mitte des 20. Jahrhunderts häufig angeführt wird, sind das Missions- und Heilsverständnis

---

21   Vgl. Wiher, Worldview and Identity, 309.
22   Mt 28,18–20; Mk 16,15–18; Lk 24,46–49; Apg 1,8. Joh 20,21 wurde kaum verwendet, Lk 4,18f. schon gar nicht.

weit. Parallel wird oft Joh 20,21ff. angeführt, eine Stelle, die bis vor kurzem vernachlässigt worden ist. Dabei werden aber die Ausgießung des Geistes in Vers 22 und die Predigt der Sündenvergebung in Vers 23 kaum je angesprochen.

Oder beginnt Mission mit der Sendung Abrahams in Gen 12? Abraham wird gesegnet und aufgefordert, ein Segen für andere zu sein? Im NT wird verschiedene Male auf Abraham Bezug genommen. Der Segen könnte dann den Schöpfungs- und den Missionsauftrag oder nur den Missionsauftrag umfassen. Damit werden Missions- und Heilsverständnis je nach Autor eng verstanden oder ausgeweitet.

Oder beginnt Mission mit dem Sündenfall in Gen 3 und hat die Wiederherstellung der Beziehung zwischen Gott und dem Menschen zum Ziel? Vertreter dieser Richtung unterscheiden klar zwischen Schöpfungs- und Missionsauftrag. Diese Sicht bedingt wiederum ein engeres Missions- und Heilsverständnis.

Oder beginnt Mission mit der Deklaration des biblischen Monotheismus ab Gen 1? Eine Unterscheidung zwischen Schöpfungs- und Missionsauftrag wird damit hinfällig oder zumindest schwierig. Das Missions- und Heilsverständnis werden damit sehr weit. In traditioneller Sicht wurde das Heil an Jesus Christus, an seinem stellvertretenden Opfertod und seiner Auferstehung festgemacht (1Kor 15,1–5).

Ich frage mich, wie die Lausanner Bewegung, und damit die evangelikale Bewegung, auf lange Sicht mit diesem sehr weiten Missions- und Heilsverständnis umgehen und überleben wird. Wir riskieren damit dort zu sein, wo die ökumenische Bewegung vor fünfzig Jahren war. Stephen Neill sagte dazu: „Wenn alles Mission wird, ist nichts mehr Mission."[23]

Fazit

Der Begriff „missional" ist wie der Begriff „missionarisch" eine Worthülse, die zuerst definiert werden muss. Die Einführung eines neuen Begriffs nützt ja erst etwas, wenn damit die Probleme des alten Begriffs gelöst oder vermieden werden. Weite Definitionen von Mission bedingen in der Regel ein weites Heilsverständnis. Das Analoge gilt für enge Missionsverständnisse.

Enge Missions- und Heilsverständnisse haben den Vorteil, eine klare Zielvorgabe zu bieten. Der Auftrag ist klar, so wie er eben für die Missionsbewegung des 19. Jahrhunderts klar war. Sie haben aber den Nachteil, dass sie große Teile des persönlichen und gesellschaftlichen Lebens als

---

[23] Neill, Creative Tension, 81.

nicht relevant ausgrenzen. Weite Missions- und Heilsverständnisse haben den Vorteil umfassend zu sein, riskieren aber, die Christen überwältigender Uferlosigkeit und lähmender Desorientiertheit zu überlassen, was in der ökumenischen Bewegung vor rund fünfzig Jahren nach der Ausweitung des Missions- und Heilsverständnisses zu beobachten war.

Missionale Theologie kann eine wünschbare Zielvorgabe sein, die als „trinitarische und missionale Theologie" formuliert werden könnte. Als Kinder der amerikanischen, pragmatisch orientierten Missionswissenschaft waren die bisherigen Entwürfe einer missionalen Theologie oft theologisch oberflächlich und begnügten sich mit der Reflexion über Strategien. Die missionale Theologie tendiert zu einem ganzheitlichen Missions- und Heilsverständnis. Das Konzept der missionalen Gemeinde war seit Beginn im Zentrum der Reflexion der missionalen Theologie.

Angesichts der fortschreitenden Entchristlichung der Schweiz ist die Reflexion über missionale Theologie sehr willkommen. Meines Erachtens ist es die Verantwortung der evangelikalen Theologen, die Reflexion über die missionarische Dimension der Bibel, der Theologie und der Gemeinde und über die Evangelisation der Schweiz in ihre Arbeit zu integrieren und dies nicht den Missiologen allein zu überlassen. Das ist auch das Anliegen der missionalen Theologie.

Bibliographie

Bosch, David J.: *Mission im Wandel. Paradigmenwechsel in der Missionstheologie*, hrsg. v. Martin Reppenhagen, Gießen 2012.

Guder, Darrell L.; *Barrett*, Lois: *Missional Church. A Vision for the Sending of the Church in North America*, Grand Rapids 1998.

Hardmeier, Roland: *Missionale Theologie. Evangelikale auf dem Weg zur Weltverantwortung*, Edition IGW 7, Schwarzenfeld 2015.

Hartenstein, Karl: *Übergang und Neubeginn. Zur Tagung des Internationalen Missionsrats in Willingen*, in: Zeitwende 24, 4 (1952), 334–345;

Ders.: *Theologische Besinnung*, in: Walter Freytag (Hrsg.), Mission zwischen gestern und morgen, Stuttgart 1952, 51–72.

Hunsberger, George R.: *Proposals for a Missional Hermeneutic. Mapping a Conversation*, in: Missiology 39,3 (2011), 309–321.

IGW International (Hrsg.): *12 Thesen zur missionalen Theologie*, Zürich 2009.

McClendon, James William: *Systematic Theology*, 3 Bde., Nashville 2002–2012.

Neill, Stephen: *Creative Tension*, London 1959.

Newbigin, Lesslie: *Trinitarian Doctrine for Today's Mission*, Milton Keynes 1999.

Redford, Shawn B.: *Missiological Hermeneutics. Biblical Interpretation for the Global Church,* American Society of Missiology Monograph Series, Eugene 2012.

Rosin, Helmut: *Missio Dei. An Examination of the Origin, Contents and Function of the Term in the Protestant Missiological Discussion,* Leyden 1972.

Spindler, Marc: *La mission. Combat pour le salut du monde,* Neuchâtel 1967.

Tennent, Timothy C.: *Invitation to World Missions. A Trinitarian Missiology for the 21th Century,* Grand Rapids 2010.

Wiher, Hannes: *Missio Dei, Teil 1. Linguistische, historische und theologische Aspekte,* in: Evangelikale Missiologie 15, 1 (2015), 38–49.

Ders.: Missio Dei, Teil 2. Rezeption in der ökumenischen und der evangelikalen Bewegung, in: Evangelikale Missiologie 15, 2 (2015), 90–103.

Ders.: Worldview and Identity across Conversion, in: Evangelical Review of Theology 38, 4 (2014), 309.

Vicedom, Georg F.: *Missio Dei – Actio Dei,* hrsg. v. Klaus W. Müller, Nürnberg 2002.

Winter, Ralph D.: *The Two Structures of God's Redemptive Mission,* in: Ralph D. Winter; Steve C. Hawthorne (Hrsg.), Perspectives on the World Christian Movement, Passadena [3]1999, 220–230.

Wright, Christopher J. H., *The Mission of God. Unlocking the Bible's Grand Narrative,* Downers Grove 2006.

Das Heil in missionalen Theologien

Bernhard Ott

„Denn die Gnade Gottes ist erschienen,
um alle Menschen zu retten. "
Tit 2,11

Gottes Zuwendung zu den Menschen ist durch Gnade charakterisiert und zielt auf Rettung (*sotería*). Das ist das Evangelium, dessen sich der Apostel Paulus „nicht schämt": eine Kraft Gottes zur Rettung (Röm 1,16). Die Soteriologie kann deshalb als Kriterium jeder Theologie gelten, die sich am Evangelium orientiert. Das gilt besonders, wenn Theologien sich *missional* nennen, sich also konsequent an der Sendung Gottes orientieren wollen.

Was unter *missional* zu verstehen ist, wird im Laufe dieses Beitrags deutlich. Folgende Arbeitsdefinition kann an den Anfang gestellt werden:[1]

- Es geht um das missionarische Wesen Gottes und seiner Kirche.
- Es geht um eine inkarnatorische Wahrnehmung der Sendung in einem nachchristlichen Kontext (im Gegensatz zu attractional/extractional).
- Es geht um die aktive Teilnahme an der *missio Dei* (Mission Gottes).

Was das im Einzelnen heißt, wird allerdings von verschiedenen Vertretern der missionalen Bewegung unterschiedlich entfaltet. Meines Erachtens gibt es *die* missionale Theologie nicht und deshalb auch nicht *die* Soteriologie *der* missionalen Theologie. Ich spreche deshalb von missionalen *Theologien* und beanspruche nicht, immer allen Vertretern gerecht zu werden.

Ich versuche einen Überblick darüber zu geben, wie missionale Theologien das Heil verstehen. Dabei gehe ich in drei Schritten vor: (1) Zunächst werden Beiträge von Lesslie Newbigin, David Bosch und John H. Yoder vorgestellt. Sie gelten als *Wegbereiter missionaler Theologien.*[2] (2) Anschließend werden einige Beiträge diskutiert, die sich ausdrücklich als *missionale Theologien* verstehen. Ich beschränke mich dabei auf zwei nordamerikanische Texte zur missionalen Kirche allgemein und anschließend zwei deutsche Texte, die zum Thema missionale Soteriologie etwas sagen.

---

[1] Die breit abgestützte amerikanische Internetseite www.missionalchurchnetwork.com definiert den Begriff missional mit drei Thesen: (1) Missional Church is about the missionary nature of God and His Church. (2) Missional Church is about incarnational ministry (versus attractional/extractional) in a post-Christendom context. (3) Missional Church is about actively participating in the *missio Dei*, or mission of God.

[2] Weitere könnten hinzugefügt werden, wie etwa Miroslav Volf, Stanley Hauerwas, Wilbert Shenk, Christopher Wright, Tom Wright u.a.m.

Das ist angesichts der Literaturflut zum Thema missional eine Einschrän-kung. Im Hintergrund stehen deshalb auch die Publikationen von Johannes Reimer, Tobias Faix, Roland Hardmeier, die aber in meinem Beitrag nicht namentlich verarbeitet werden. (3) Im Schlussteil werde ich in Thesenform 10 Themenfelder benennen, die vertiefte theologische Arbeit erfordern.

1. Drei Wegbereiter einer missionalen Theologie

1.1 Lesslie Newbigin (1909–1998)

Newbigin wird von vielen als eigentlicher Vater der missionalen Theologie gesehen.[3] Sowohl seine Beiträge zur Entwicklung einer ökumenischen Missionstheologie in den 1950er- und 1960er-Jahren wie auch sein späte-res Werk zur Missionierung der westlichen Kultur haben wesentliche Im-pulse zur Entstehung der missionalen Bewegung gegeben. Newbigin selbst hat das *The Gospel and Our Culture Network* ins Leben gerufen, das als die Ursprungsbewegung missionaler Denkweise gesehen werden muss.[4]

Newbigins Missionsverständnis hat sich zwischen erwecklich-missiona-rischen und großkirchlich-ökumenischen Akzentsetzungen bewegt. Bereits in seinem Grundlagendokument zur Integration des Internationalen Missi-onsrates mit dem Weltkirchenrat *One Body, One Gospel, One World: The Christian Mission Today* (1958) ruft er beide, die Missionsbewegung und die Kirchen, zur Busse und fordert eine Neuausrichtung der Mission an der Bibel, die er als „unwandelbare Grundlage" versteht.[5] Sein biblischer Aus-gangspunkt ist das Sendungswort Jesu im Johannesevangelium: „Wie der Vater mich gesandt hat, so sende ich euch" (Joh 20,21). Wenn es darum geht, das Heil, das Evangelium und die Mission inhaltlich näher zu bestim-men, lenkt Newbigin deshalb den Blick zuerst auf die Sendung Jesu:

> Er war gesandt, um Gottes Willen zu tun. Er kam, um den Namen des Va-ters kund zu machen. Er kam, um die Gerechtigkeit Gottes zu offenbaren und aufzurichten. Er kam, damit Menschen glauben und gerechtfertigt wer-den sollten. Er kam, damit sie Frieden mit Gott hätten. Er kam, um die Welt mit Gott zu versöhnen. Er kam, damit Menschen das Leben haben sollten. Er kam, um die Verlorenen zu suchen und zu retten. Er kam, nicht um sich dienen zu lassen, sondern um zu dienen und sein Leben als Lösegeld für viele zu geben.[6]

---

3   Reppenhagen, Auf dem Weg, 100–154.
4   A.a.O., 62–84.
5   Newbigin, Die eine Kirche, 11–21.
6   A.a.O., 15f.

Von Joh 20,21 her formuliert er dann die Grundthese: „Nach dem Zeugnis des Neuen Testamentes ist die Mission der Kirche keine andere als die Fortführung der Mission Christi selbst".[7] Leider präzisiert Newbigin seine steile These nicht, indem er die Einzigartigkeit und Einmaligkeit der Sendung Jesus benennen würde, denn nicht alle von ihm aufgezählten Handlungen Jesus münden in gleicher Weise in die Mission der Kirche ein.

Newbigin braucht den Begriff „*inkarnatorische* Mission" an dieser Stelle nicht. Sein Ansatz, Mission von Joh 20,21 her zu begründen, gibt jedoch den Anstoß für die spätere Rede von *inkarnatorischer* Mission. Ein solches Missionsverständnis öffnete den Weg für ein Missionsverständnis, das weniger die Handlungsanweisungen (Missions*befehl*) betont, sondern vielmehr das bezeugende *Sein* nach dem Vorbild Jesu.[8] Das ist ein wesentlicher missionstheologischer Impuls, der in die missionale Bewegung eingeflossen ist.

1958 ging es Newbigin aber vorerst um die Integration der Missionsbewegung (Internationaler Missionsrat) mit den Kirchen (Weltkirchenrat). Newbigin argumentiert theologisch für eine Integration von Mission und Kirche, „beide gehören unauflöslich zusammen".[9] Er ist jedoch weise genug zu sehen, dass die volle Integration der aktiven und unternehmerischen Missionsbewegung in die Kirche zur Lähmung des missionarischen Handelns führen kann. Wenn alles Tun vom Sein aufgesaugt wird, kann das letztlich zur Lähmung der Mission führen. Um diese mögliche Fehlentwicklung abzuwenden, hat Newbigin die beiden Schlüsselbegriffe *Dimension* und *Intention* eingeführt:

> Es ist hilfreich, wenn wir uns an die früher gemachte Unterscheidung erinnern zwischen Mission als einer Dimension des ganzen Lebens der Kirche und Mission als der hauptsächlichen Intention bestimmter Unternehmungen. Weil die Kirche die Mission ist, deshalb gibt es eine missionarische Dimension in allem, was die Kirche tut. Aber nicht alles, was die Kirche tut, hat eine missionarische Intention.[10]

Mit dieser begrifflichen Klärung gelingt es Newbigin, das missionarische Wesen der Kirche (Sein) und die konkrete missionarische Aktion (Tun) in kreativer Spannung zu halten. Andere haben später diesen Gedanken aufgegriffen und weiter entfaltet (Vicedom, Gensichen, Bosch).

---

[7] A.a.O., 15.
[8] Ausführlicher von Newbigin entfaltet in: Mission in Christ's Way, Genf 1987.
[9] Newbigin, Die eine Kirche, 24.
[10] A.a.O., 18.

Im Rahmen dieser missionstheologischen Grundorientierung kann nun das Heilsverständnis bei Newbigin in den Blick genommen werden. Im Vorbereitungstext zur ökumenischen Weltmissionskonferenz in Melbourne 1980 verwarf Newbigin sowohl ein Heilsverständnis, das sich einseitig lediglich auf das individuelle und zukünftige Seelenheil und damit auch auf Evangelisation konzentriert, wie auch die liberale Sicht von Reich Gottes und Missio Dei, welche die Sendung der Kirche lediglich darin sieht, in Gottes allgemeinem Geschichtswirken auf eine bessere Welt hin zu partizipieren. Newbigin verwirft „individual piety" ebenso wie „Social Gospel".[11] Mission muss – so Newbigin – im Horizont des Reiches Gottes gesehen werden. Dabei darf das Engagement für Gottes Reich weder zu evangelistischen Seelenrettungskampagnen losgelöst von der Kirche verkommen, noch zu Weltverbesserungsbestrebungen ohne Jesus.[12] Sein aus der Reich-Gottes-Theologie der Evangelien hervorgehendes Heilsverständnis formulierte Newbigin in fünf Thesen:[13]

- Jesu Ankündigung des Reiches Gottes ist nicht der Start einer Evangelisationskampagne, für die nun Ressourcen benötigt werden. Es ist auch nicht die Ankündigung einer Ideologie, einer Philosophie oder einer religiösen Lehre. Es ist die Ankündigung eines Ereignisses.
- Der Gegenstand der Ankündigung ist die Königsherrschaft Gottes (*malkuth Yahweh*). Das ist eine Ankündigung von öffentlicher Bedeutung. Sie betrifft die Gesamtheit der historischen und kosmischen Wirklichkeit und darf nicht auf den Sektor der Religiosität beschränkt werden. Das Neue besteht nicht in der Gottesherrschaft als solcher, sondern in der Tatsache, dass sie nun – in Jesus – eine gegenwärtige Realität ist.
- Diese Ankündigung ist mit dem Ruf zur Umkehr verbunden. Dieser darf nicht im Sinne evangelikaler Frömmigkeit trivialisiert werden. Es geht vielmehr um eine radikale Kehrtwende einer ganzen Nation, welche für ihr Heil auf der falschen Seite Ausschau hält.
- Die Antwort auf den Ruf erfolgt im Glauben, nicht im Schauen – im Vertrauen darauf, dass die Herrschaft Gottes jetzt und hier Realität ist. Dieser Glaube selbst ist ein Geschenk Gottes und nicht einfach eine Entscheidungsmöglichkeit des Menschen neben anderen.

---

[11] Newbigin, Sign of the Kingdom, 8.
[12] A.a.O., 8–19, 32–35.
[13] A.a.O., 24–27.

- Der Ruf erfolgt sofort und persönlich: Erwählung, persönlicher Ruf und vertrauensvolle Antwort (Glaube) führen zu einer Scheidung. Erwählung, Ruf, Umkehr und Glaube führen in eine Sendung: Menschenfischer zu werden und Frucht zu tragen.

Im Hinblick auf unser Thema können wir festhalten: Das Heilsverständnis von Newbigin ist in der Theologie vom Reich Gottes verortet. Dabei ist die Herrschaft Gottes christozentrisch zu verstehen. Inhaltlich geht es darum, dass Gott seinen Schalom wiederherstellt und die Menschheit zu ihrer wahren Berufung führt. Das schließt alles ein, was uns Christus gebracht hat: Befreiung vom Bösen, Vergebung der Sünden, Ganzheit von Körper und Geist, Sohnschaft Gottes und Geschwisterschaft unter den Menschen. Dieser historische Einbruch des Gottesreiches steht jedoch in eschatologischer Spannung zur Gegenwart und auch zur Zukunft des Reiches. Noch ist das Reich verborgen und es wird erst in der Zukunft voll offenbar werden.[14]

Historisch-innerweltliches Verständnis des Reiches Gottes – eschatologische Vollendung des Reiches Gottes.

Auf diesen letzten Aspekt, die Eschatologie, ist nun noch gesondert einzugehen, denn hier ist eine entscheidende Weichenstellung zu beobachten: Gegen ein historisch-innerweltliches Verständnis des Reiches Gottes (liberaler Flügel des ÖRK) betont Newbigin die radikale Diskontinuität zwischen allen historischen Bemühungen um Frieden und Gerechtigkeit einerseits und der von Gott gewirkten Vollendung des Reiches andererseits.[15] Gleichzeitig setzt er der evangelikalen Unterscheidungen zwischen angebrochenem und vollendetem Gottesreich seine Deutung der eschatologischen Spannung entgegen.

Newbigin definiert das Heil als Schalom in drei Relationen (so die zusammenfassende Darstellung von Schuster): Der Mensch in seiner Beziehung zu Gott, zum Mitmenschen und zur Umwelt. Heilsgeschichtlich sieht Schuster bei Newbigin drei Phasen: die ursprünglich gute Schöpfung, das Unheil der gefallenen Welt und die Wiederherstellung des Schalom durch Jesus Christus.

---

[14] Dieses Heilsverständnis hat Newbigin bereits in seinen „Bangalore Lectures" 1958 vorgetragen. Siehe dazu Schuster, Christian Mission, 92–102.
[15] Vgl. Schuster, Christian Mission, 80.

	Schöpfung	Sündenfall	Erlösung
	Schalom als Liebe, Friede, Treue, Ganzheit	Schuldhafter Verlust des Schalom, Disharmonie, Entfremdung	Wiederherstellung des Schalom
A) Beziehung zu Gott	Ebenbild Gottes	Scham, Entfremdung	Versöhnung, Gotteskindschaft
B) Beziehung zu Mitmenschen	Mann und Frau, Familie und Gesellschaft	Entfremdung, Anklage	Neue Gemeinschaft der Versöhnung
C) Beziehung zur Umwelt	In, durch und für die Schöpfung leben	Mühsal, Versagen, Schmerz	Arbeit als Dienst und Zeichen des Reiches Gottes

In Anlehnung an Schuster, Christian Mission, 174.

Schuster zeigt nun wie im deutschen Evangelikalismus die Eschatologie verstanden wurde (und wird?). Dabei wird eine Trennlinie deutlich zwischen Gottesbeziehung (A) einerseits, sowie der Beziehung zu den Mitmenschen (B) und zur Umwelt (C) andererseits. Während die Lösung des Problems der zerrütteten Gottesbeziehung „schon jetzt" realisiert wird, wird die Lösung der zerbrochenen zwischenmenschlichen Beziehungen und der zerstörten Beziehung des Menschen zur Umwelt „noch nicht" jetzt realisiert, sondern erst in der endzeitlichen Vollendung.

	Schöpfung	Sündenfall	Erlösung	
	Schalom als Liebe, Friede, Treue, Ganzheit	Schuldhafter Verlust des Schalom, Disharmonie, Entfremdung	Wiederherstellung des Schalom	
A) Beziehung zu Gott	Ebenbild Gottes	Scham, Entfremdung	Schuldfrage	schon jetzt
B) Beziehung zu Mitmenschen	Mann und Frau, Familie und Gesellschaft	Entfremdung, Anklage	Machtfrage	noch nicht
C) Beziehung zur Umwelt	In, durch und für die Schöpfung leben	Mühsal, Versagen, Schmerz		

In Anlehnung an Schuster, Christian Mission, 175.

Diese Sicht des Heils führt zwangsläufig zu einem Missionsverständnis, welches die Evangelisierung ins Zentrum rückt und einem ganzheitlichen

Missionsverständnis, welches auch die sozialen, ökonomischen und ökologischen Aspekte einschließen will, skeptisch gegenübersteht. Ganzheitliche (holistische, integrale) Missionsverständnisse werden dann oft verdächtigt, aufgrund eines mangelnden eschatologischen Bewusstseins, bereits heute vorwegnehmen zu wollen, was erst in der Vollendung geschehen wird, nämlich die Transformation des ganzen Universums in den Schalom Gottes.[16] Newbigin weist einen anderen Weg, den Schuster so darstellt: Im Gegensatz zur oben vorgestellten Konzeption (am Beispiel von Karl Heim gezeigt) verläuft bei Newbigin die Trennlinie nicht zwischen *schon jetzt* und *noch nicht*, nicht zwischen persönlicher Gottesbeziehung einerseits, und Gesellschaft und Umwelt andererseits, sondern einem alle drei Bereich des Heils betreffenden *Anbruch* und *Vollendung*.

	Schöpfung	**Sündenfall**	**Erlösung**		
	Schalom als Liebe, Friede, Treue, Ganzheit	Schuldhafter Verlust des Schalom, Disharmonie, Entfremdung	Wiederherstellung des Schalom		
A) Beziehung zu Gott	Ebenbild Gottes	Scham, Entfremdung		Versöhnung, Gotteskindschaft	
B) Beziehung zu Mitmenschen	Mann und Frau, Familie und Gesellschaft	Entfremdung, Anklage	schon jetzt	Neue Gemeinschaft der Versöhnung	noch nicht
C) Beziehung zur Umwelt	In, durch und für die Schöpfung leben	Mühsal, Versagen, Schmerz		Arbeit als Dienst und Zeichen des Reiches Gottes	

In Anlehnung an Schuster, Christian Mission, 176.

Damit öffnet Newbigin die Möglichkeit eines ganzheitlichen Missionsverständnisses, das weder die Zentralität der individuellen Gottesbeziehung noch die eschatologische Spannung ausblendet.

---

[16] Dieses evangelikale Missions- und Heilsverständnis wurde in neuster Zeit von Volker Gäckle durch seine Analyse des Basileia-Begriffs in den Evangelien verteidigt, in: Die gegenwärtige und zukünftige basileia in der Verkündigung Jesu.

Dieses Heilsverständnis, das sich inhaltlich am umfassenden Heil des Schalom und am in Christus realisierten Gottesreich orientiert und das in der eben beschriebenen Weise die eschatologische Spannung auf allen drei Ebenen des Heils offenhält, ist meines Erachtens grundlegend für das Heilsverständnis einer missionalen Theologie.

Betrifft die Spannung „schon jetzt" – „noch nicht" in gleicher Weise alle Bereiche des Heils?
A) die Beziehung zu Gott,
B) die Beziehung zu den Mitmenschen
C) die Beziehung zur Umwelt

1.2 David Bosch (1929–1992)

Auffallend ist nun allerdings, dass in Kreisen, die sich als Teil der missionalen Bewegung verstehen, der Regel selten auf Newbigin zurückgegriffen wird. Vielmehr wird auf den südafrikanischen Missionstheologen David Bosch verwiesen. Im deutschsprachigen Raum hängt das wohl auch mit dem Einfluss von Johannes Reimer (Promotion bei Bosch) und der Zusammenarbeit der Gesellschaft für Bildung und Forschung (GBFE) mit der University of South Africa (Unisa) zusammen.

Bosch steht tatsächlich in vielen Bereichen in der missionstheologischen Tradition von Lesslie Newbigin. Zudem verbindet die beiden die Anleihen bei Oscar Cullman in Erwählungslehre, Heilsgeschichte und Eschatologie (Bosch promovierte bei Cullmann). Bereits in seinem ersten größeren Werk zur Missionstheologie (*Witness to the World*, 1980; deutsch: *Ganzheitliche Mission*) positioniert sich Bosch ganz in der Fluchtlinie von Newbigin zwischen evangelikaler und ökumenischer Missionstheologie.[17]

Die evangelikale Missionstheologie behandelt er unter dem Titel „Das abgespeckte Evangelium" („*emaciated gospel*").[18] Seine Kritik gilt der einseitigen Betonung der Evangelisation auf Kosten der Sorge um den ganzen Menschen in seinem sozialen Umfeld. Hier sieht Bosch den Dualismus zwischen Geist und Leib, Ewigem und Zeitlichem, Persönlichem und Sozialem, Heiligem und Profanem in totaler Ausprägung.

Das ökumenische Missionsverständnis bezeichnet er als „verwässertes Evangelium" („*diluted gospel*").[19] Seine Kritik gilt der Reduktion von Mission auf ein innerweltliches Humanisierungsprogramm, wie es im Ökumenischen Rat der Kirchen in den 1960er- und 1970er-Jahren propagiert wurde.

---

[17]   Bosch, Ganzheitliche Mission, 48–64.
[18]   A.a.O., 263–274.
[19]   A.a.O., 275–285.

Beiden fehlgeleiteten Missionsverständnissen hält er eine Missionstheologie entgegen, die solide in der Bibel begründet ist:[20] Dabei wirft er Evangelikalen und Ökumenikern gleichermaßen vor, die Bibel wie einen Steinbruch zu gebrauchen, d. h. mit einzelnen Bibelversen gewisse missionstheologische Aussagen zu untermauern, ohne den gesamtbiblischen Zusammenhang zu beachten.

Boschs eigene Missionstheologie setzt mit dem Mitgefühl und dem Mitleiden Gottes (*compassion*) und mit der Erwählung Israels ein (man hört den Cullmann-Schüler). Er betont, dass es grundsätzlich um Gottes Mission geht (*missio Dei*), die sich von der Erwählung Israels über die Sendung des Gottesknechts bis hin zur Sendung des Geistes und der Kirche zieht. Schlüsselbegriff ist für Bosch dabei *martyria* – Zeuge sein. Deshalb lautet auch der Buchtitel in der englischen Originalausgabe *Witness to the World*.

Bosch hat sein missionstheologisches Denken zehn Jahre später in seinem großen Werk *Transforming Mission* (deutsch *Mission im Wandel*, 2012) breiter entfaltet. Es handelt sich um eine umfassende biblische Grundlegung der Mission, eine Darstellung der historischen Missionsparadigmen und die Vorstellung eines Missionsparadigmas an der Schwelle zum 21. Jahrhundert. Auch wenn es sich über weite Strecken um eine Darstellung handelt, ist vor allem im letzten Teil Boschs missionstheologisches Anliegen nicht zu überhören. Thematisch interessiert uns vor allem das Kapitel „Mission als Vermittlung des Heils".[21]

Bemerkenswert ist Boschs Skizze des Heilsverständnisses von Jesus bis zur Gegenwart: (1) Bei Jesus (gemäß Lukasevangelium) umfasst die „Sprache des Heils" das ganze Spektrum „menschlicher Lebensumstände – die Beendigung der Armut, Diskriminierung, Krankheit, dämonischer Besessenheit, Sünde und so weiter". Dabei betont Lukas das gegenwärtige Heil, in diesem Leben, hier und heute.

(2) Paulus betont dem gegenüber die „*unvollständige* Natur des Heils" – es beginnt in diesem Leben, ist jedoch Rettung auf Hoffnung. Inhaltlicher Schlüsselbegriff, so Bosch, ist bei Paulus die Versöhnung, die nicht individualistisch verengt gesehen wird, sondern weitreichende soziale und politische Konsequenzen hat.

(3) Bei den griechischen Kirchenvätern (und in der Folge in der Ostkirche) sieht Bosch dann eine Abnahme der eschatologischen Dimension zugunsten der *paideia*, der „schrittweisen Erhebung des Glaubenden in einen göttlichen Zustand (der *theosis*)". Im Zentrum der Heilsermöglichung steht hier die Inkarnation, die Menschwerdung Gottes.

---

[20] A.a.O., 65–115.
[21] Bosch, Mission im Wandel, 461–469.

(4) Im Gegensatz dazu betont die Kirche des Westens die „verheerende Auswirkung der Sünde" und das Heil als „Wiederherstellung des gefallenen Individuums mittels einer durch die Kirche vermittelten Krisenerfahrung". Damit rückt der stellvertretende Tod Jesu am Kreuz ins Zentrum. Erlösung hieß nun „die Erlösung einzelner Seelen im zukünftigen Leben." „In diesem Entwurf" – so Bosch – „wurden die ‚Person' und das ‚Werk' Christi nach und nach voneinander getrennt. Letzten Endes wurde die Christologie von der Soteriologie abhängig."[22] Im gleichen Prozess wurde „Gottes ‚erlösendes' Handeln am Einzelnen immer mehr von seinem ‚providentiellen' Handeln" im Blick auf das Wohlbefinden des Einzelnen und der Gesellschaft unterschieden".

(5) In der Aufklärung wird diese Heilsvorstellung, welche die volle Abhängigkeit des verlorenen Menschen von der Rettungstat Gottes betont, in Frage gestellt. Nun rückt Jesus als „das ideale menschliche Wesen" ins Zentrum, wobei es weniger um die *Person*, als vielmehr um die *Sache* Jesu ging. Das zu überwindende Unheil ist jetzt nicht mehr die durch Schuld verursachte Trennung von Gott, sondern die Entfremdung zwischen den Menschen. Der apokalyptische Pessimismus macht zunehmend einem evolutionären Optimismus Platz: Nicht die Sorge vor dem Bestehen im letzten Gericht, sondern die Entwicklung der Menschheit in eine bessere Gesellschaft beginnt die Tagesordnung der Kirchen zu bestimmen. Die Auseinandersetzung zwischen den beiden letztgenannten Heilsverständnissen hat denn auch die ökumenische Bewegung geprägt, wobei in Bangkok 1973 definitiv die aufklärerisch-säkulare Option den Sieg davontrug.

(6) In Bosch Darstellung ist jedoch das „horizontale" Heilsverständnis, wie es 1973 in Bangkok definiert wurde, seinerseits in die Krise geraten. Die Euphorie, durch innerweltliche, menschliche Bemühungen dem Schalom zum Durchbruch zu verhelfen hat großer Ernüchterung Platz gemacht. Daraus zieht Bosch mindestens zwei Konsequenzen, die für unser Gespräch mit einer missionalen Soteriologie bedeutungsvoll sind:[23] (1) Er fragt kritisch (und rhetorisch), „ob die Tendenz, dass Theologie und Mission von der Sozialethik vereinnahmt werden, auf Dauer nicht zu einer unvermeidbaren Relativierung der Person Jesu Christi führen muss". Mit Hinweis auf Glazik betont er, dass die Kirche in ihrer Mission dazu berufen ist, „Zeugnis davon abzulegen, ‚was Gott in Jesus einmalig, absolut neu, unwiederholbar und endgültig zum Heil der Welt getan hat'". (2) Überdies hält er fest: „Heil und Wohlergehen, auch wenn sie ganz miteinander verzahnt sind, stimmen nicht vollkommen überein." Das Evangelium „ist

---

[22] A.a.O., 463.
[23] A.a.O., 467.

nicht mit den Agenden der modernen Emanzipation und er der Befreiungsbewegungen identisch".

Gleichzeitig sieht aber Bosch den Weg in die Zukunft nicht als Rückkehr zum klassischen westlichen Verständnis des Heils. Vielmehr entwirft er ein umfassendes Heilsverständnis, welches sich am ganzen Christus (*totus* Christus) orientiert – an seiner Inkarnation, seinem irdischen Leben, seinem Tod, seiner Auferstehung und seiner Wiederkunft.[24] Daraus ergibt sich folgerichtig ein ganzheitliches Missionsverständnis.

Sind alle Aspekte des Lebens Jesu gleich bedeutsam für das Heil?

1.3 John H. Yoder (1927–1997)

Der mennonitische Theologe John H. Yoder war während Jahrzehnten (insbesondere in Europa) bestenfalls ein Geheimtipp unter Insidern und ein Vertreter der marginalen kirchlichen Tradition der Täufer. Nun ist er aber in den vergangenen Jahren gerade für die missionale Bewegung zu einer bedeutenden Inspirationsquelle geworden. Ich sehe dafür mindestens drei Gründe, die auch für unser Thema relevant sind:

(1) Wie schon bei Newbigin und Bosch zu beobachten war, hat sich auch Yoder in großer Freiheit jenseits der Fronten zwischen den liberalökumenischen und konservativ-evangelikalen Lagern bewegt.

(2) Mit seinem mittlerweile zum Klassiker gewordenen Buch *The Politics of Jesus* (1972) hat Yoder ein Heilsverständnis vorgestellt, welches beim Leben und bei der Verkündigung Jesu, beim Reich Gottes und beim Jubeljahr einsetzt. Aus dieser Perspektive wird ein Heilsverständnis, welches das Heil lediglich in der Rechtsprechung des individuellen Sünders sieht, als zu eng gesehen und zurückgewiesen.[25]

(3) Schließlich – und das ist der zentrale Punkt – nimmt bei Yoder die Gemeinde in der Soteriologie eine Rolle ein, die sich jenseits großkirchlicher (ökumenischer) und evangelikaler Pfade bewegt.

In einem 1967 gehaltenen Vortrag „A People in the World" plädiert Yoder für eine Position jenseits der Fronten zwischen Evangelikalen und Ökumenikern.[26] Yoder positioniert seinen Vortrag zwischen der *World Conference on Church and Society* des Weltkirchenrates in Genf (1966) und dem evangelikalen *Weltkongress für Evangelisation* in Berlin (1966).[27]

---

[24] A.a.O., 268–270.
[25] Yoder, Die Politik Jesu, 187–194.
[26] Später veröffentlicht in: The Royal Priesthood, 65–101.
[27] A.a.O., 90f.

In der Genfer Konferenz ging es um die Rolle der Christen in der modernen Gesellschaft. In der Abschlussresolution heißt es: „Als Christen müssen wir uns für die Umwandlung der Gesellschaft einsetzen."[28] Das war die Phase, als zunehmend die Tagesordnung der Welt das Missionsverständnis des ÖRK prägte, was sich dann in der Weltmissionskonferenz von Uppsala definitiv niederschlug. Mission wurde als Partizipation der Kirche im Humanisierungsprozess der Gesellschaft verstanden. Yoder kommentiert diese Entwicklungen lakonisch mit einem Zitat von David Little: Was in Genf geschieht, ist „social gospel revisited".[29]

In der Berliner Konferenz ging es um die Gegenposition. Gegen das Humanisierungsprogramm des ÖRK werden die Evangelisation und das persönliche Seelenheil des Einzelnen in den Vordergrund gestellt. Nicht die Humanisierung der Welt, sondern das ewige Verhängnis jedes einzelnen Menschen steht auf dem Spiel.

Yoder schlägt vor, nicht eine Vermittlung oder Versöhnung der beiden Positionen zu suchen, sondern einen dritten Weg jenseits des Dilemmas zu gehen.[30] Gott geht es nämlich weder darum, die Weltgeschichte zwingend auf ein vorherbestimmtes Ziel hin zu entwickeln, noch darum, einzelne Individuen zu retten. Es geht ihm vielmehr darum, ein neues Bundesvolk (*a new covenant people*) zu schaffen, bestehend aus Menschen, die freiwillig Gottes Ruf folgen und nun als Anbruch der neuen Menschheit zeichenhaft in dieser Welt eine neue Sozialordnung  Dritter Weg zwischen Vergeistlichung und Säkularisierung.

lebt. Damit will Yoder sowohl die Vergeistlichung des Heils bei den Evangelikalen, als auch die Säkularisierung des Evangeliums bei den Ökumenikern überbieten.

> The political novelty that God brings into the world is a community of those who serve instead of ruling, who suffer instead of inflicting suffering, whose fellowship crosses social lines instead of reinforcing them. This new Christian community in which the walls are broken down not by human idealism or democratic legalism but by the work of Christ is not only a vehicle of the gospel or only a fruit of the gospel; it is the good news. It is not merely the agent of mission or the constituency of a mission agency. This is the mission.[31]

---

28 Grotefeld, Quellentexte theologischer Ethik, 430.
29 Yoder, The Royal Priesthood, 90.
30 Ebd.
31 Yoder, The Royal Priesthood, 91.

In diesem Zusammenhang verwendet Yoder die bekannte Formel des kanadischen Medianwissenschaftler Marshall McLuhan „The Medium is the Message", kehrt sie jedoch um: „The Message is the Medium".[32]

Unter eben diesem Titel – *The Message is the Medium* – hat Matthias Zeindler vor einigen Jahren die Ekklesiologie von John Howard Yoder treffend zusammengefasst und dabei die soteriologische Tragweite hervorgehoben. Es lohnt sich, hier Zeindlers Vortrag im Originaltext zu folgen:

Versucht man Yoders Ekklesiologie zu verstehen, muss man sich als erstes darüber klarwerden, dass er diesem Lehrpunkt einen gegenüber der evangelischen Tradition ganz neuen Stellenwert einräumt. Traditionellerweise wird die Kirche im Rahmen der *media salutis*, der Heilsmittel verhandelt, und dort spielen das Wort und die Sakramente als die Kommunikationsmedien der Heilsvermittlung eine prominente Rolle. Als solche Vermittlungsinstanz ist aber Kirche im Rahmen eines grundsätzlich individualistischen Heilsverständnisses gedacht: Kirche dient dazu, den Einzelnen das rettende Evangelium in kerygmatischer und sakramentaler Gestalt zukommen zu lassen.

Anders Yoder: Hier erscheint Kirche nicht bloß funktional zu individuellem Heil, sondern ist selbst ein Moment von Heil. Genauer: Wenn Sünde darin besteht, dass lebensförderliche Beziehungszusammenhänge zerstört werden, dann besteht Heil präzis darin, dass Gott neue lebensförderliche Beziehungszusammenhänge schafft und erhält. Yoder kann deshalb zusammenfassend schreiben: „Das Werk Gottes ist die Berufung eines Volkes, sei es im Alten Bund oder im Neuen." Heil ist also in einem fundamentalen Sinne sozial, und Soteriologie entsprechend in einem fundamentalen Sinne Ekklesiologie. Es sei hier nur angedeutet, dass damit die Kirche schon durch ihre bloße Existenz ein politisches Phänomen ist.

Mit einem solchen Ansatz verschieben sich natürlich sogleich sämtliche ekklesiologische Koordinaten. Dazu erst ein paar Bemerkungen: Wenn Kirche von einem sozialen Heilsverständnis her begriffen wird, bedeutet dies, dass sie selbst primär als *Gemeinschaft* zu verstehen ist. Sie ist Heil in dem Masse, da sich in ihr eine neue Art menschlichen Zusammenlebens realisiert. Als solche Gemeinschaft ist die Kirche freilich kein Selbstzweck. Gerade ihre *koinonia* ist immer schon *kerygma*. Die Gemeinschaft der christlichen Gemeinde ist nicht bloß Medium für eine von ihr verschiedene Botschaft – vielmehr ist sie als Medium immer auch Botschaft. An dieser so ganz anderen Gemeinschaft will das Evangelium ablesbar sein.

Damit verschiebt sich auch das Verständnis des Verhältnisses von Individuum und Gemeinschaft. Es wäre verfehlt, Yoder eine Abwertung des Individuums zugunsten der kirchlichen Gemeinschaft zu unterstellen. Vielmehr ist bei ihm der abstrakte Individualismus, der jene Gegenüberstellung bestimmt, überwunden. Er hält fest:

---

[32] A.a.O., 93.

„Dass Männer und Frauen zu einem neuen sozialen Ganzen zusammenge-
rufen werden, ist selbst das Werk Gottes (...), von dem sowohl persönliche
Bekehrung (...) als auch missionarische Instrumentalitäten sich ableiten. "
Individualität und Gemeinschaft bedingen sich gegenseitig: Durch die Viel-
falt individueller Gaben entsteht ein Ganzes, das weit effektiver ist als die
Summe seiner Teile; und durch die gemeinschaftliche Anerkennung und
Kritik wird das Individuum zu einer weit reicheren Persönlichkeit als in
sozialer Vereinzelung.[33]

Yoder hat also einen dritten Weg vorgelegt, welcher das Heil nicht lediglich in der Humanisierung der Welt sieht und auch nicht in der Seelenrettung einzelner Individuen, sondern in der Schaffung einer neuen Sozialordnung in der Gemeinschaft derer, die Versöhnung mit Gott erfahren
haben und Jesus vertrauensvoll nachfolgen. Wie das konkret Gestalt gewinnen kann, hat Yoder unter anderem in seinem Buch *Body Politics* entfaltet.[34]

   Der von Yoder skizzierte dritte Weg jenseits der Polarisierung zwischen
Ökumenikern und Evangelikalen ist grundlegend für das Verständnis der
missionalen Bewegung, auch wenn viele, die sich missional nennen, diese
Bezüge gar nicht kennen.

2. Stimmen missionaler Theologien

Im vorangehenden Abschnitt haben wir drei Inspirationsquellen für die
missionale Bewegung eingeführt und können nun anhand gegenwärtiger
Texte beobachten, in welcher Weise diese Quellen die Soteriologie der gegenwärtigen missionalen Bewegung prägen. Die ersten beiden hier disku-
tierten Texte stammen aus dem nordamerikanischen Diskurs und repräsen-
tieren zwei etwas unterschiedliche Ausprägungen missionaler Theologie.

2.1 „Indicators of a Missional Church" (Gospel and Our Culture Net-work)

Aus dem Impuls von Newbigin ist im letzten Jahrzehnt des 20. Jahrhunderts das *Gospel and Our Culture Network* (GOCN) entstanden.[35] In der
Folge wurden zwei Dokumente produziert, um zu definieren, was eine mis-

---

[33] Zeindler, Die Kirche des Kreuzes, 68f.
[34] Yoder, Die Politik des Leibes Christi.
[35] Mehr Informationen zum GOCN und weitere Texte unter http://www.gocn.org. Vgl.
auch die Darstellung in Reppenhagen, Auf dem Weg, 97–154.

sionale Kirche ist, einmal die acht Profile einer missionalen Kirche (*Pattern of a Missional Church*), dazu 12 Thesen mit Indikatoren einer missionalen Kirche (*Empirical Indicators of a ,Missional Church'*).

Die 12 Indikatoren enthalten wenig explizite soteriologische Aussagen. Die Einleitung spricht von Gottes Schöpfungs- und *Heils*handeln. Die Gemeinde, so heißt es, sei „eine sichtbare Manifestation der Art und Weise, wie die Gute Nachricht von Jesus Christus im Leben der Menschen gegenwärtig ist und die menschliche Kultur verändert, damit Gottes Absicht für die Schöpfung deutlicher wird." Missio-Dei-Theologie klingt an, wenn es heißt, dass diese Gemeinschaft „sichtbar und wirksam an Gottes Handeln in dieser Welt teilnimmt".[36]

Es ist zudem zu bedenken, dass das GOCN ein breites Spektrum von Theologen und Kirchen widerspiegelt, die teilweise mehr ökumenisch, teilweise mehr evangelikal einzuordnen sind. Das verwendete Vokabular und die damit erzeugten Konnotationen verweisen auf den ökumenischen Diskurs der letzten Jahrzehnte (z. B. *Pattern 7: The missional church understands its calling as witness to the gospel of the inbreaking reign of God, and strives to be an instrument, agent, and sign of that reign*; vgl. dazu Newbigin und Bosch). Die Thesen reflektieren den von Newbigin geforderten Paradigmenwechsel von einer mächtigen, erfolgsorientierten, die Gesellschaft prägenden (konstantinischen) Kirche, zu gelebten Gemeinschaften, die sich als Kontrastgemeinschaften verstehen, die im Widerspruch und im Widerstand gegenüber der herrschenden Kultur stehen (vgl. *Patterns 1* und *3*). Damit verbunden wird auch die Akzentsetzung auf die Verwundbarkeit missionaler Gemeinschaften als Kontrastgemeinschaften betont, die mit Risiko in dieser Welt leben.

Anliegen, die gewöhnlich von Evangelikalen ins Zentrum gerückt werden, werden hier weniger explizit oder aber nicht mit klassisch evangelikalem Vokabular formuliert. Das betrifft z. B. die Zentralität des stellvertretenden Erlösungswerkes Jesu oder die Vordringlichkeit der Evangelisierung. Der Text spricht grundlegend aus der Perspektive der Kirche, und hat deshalb durchgehend eine stärkere ekklesiologische Ausrichtung, als das in vielen evangelikalen Texten üblich ist. An manchen Stellen hört man in diesem Zusammenhang deutlich die Impulse einer täuferischen Ekklesiologie (Yoder).

Missionale Theologie gibt es in unterschiedlichen theologischen Färbungen.

---

[36] GOCN, Indicators of a ,Missional Church', 5 (eigene Übersetzung).

2.2 „Missionales Manifest"

Ein zweites nordamerikanisches Dokument wurde von einer Gruppe von
evangelikalen Autoren verfasst. Es scheint, dass in diesem Text eine entschieden evangelikal-missionale Theologie vorgelegt werden soll, wohl
auch, um den Verdacht zu entkräften, dass missionale Theologie zu nahe
an den Positionen des Weltkirchenrates sei.

Der Vergleich dieser beiden nordamerikanischen Texte weist bereits auf
unterschiedliche Akzentsetzungen missionaler Theologien hin. Die Thesen
des GOCN sind stärker im Duktus ökumenischer Texte formuliert. Der kul-
turkritische, insbesondere *Christendom*-kritische Akzent ist deutlich. Man
hört Yoders (täuferische) Ekklesiologie, welche die Gemeinde als Gegen-
kultur zur herrschenden Ordnung versteht. Es kommt auch etwas von der
„kühnen Demut" zum Ausdruck, die David Bosch immer wieder betont
hat.[37] Insgesamt sind die Texte näher bei den Theologien der oben genannten *Wegbereiter* Newbigin, Bosch und Yoder als die zweite, mehr evangelikale Thesenreihe.

Der zweite Text, das *Missionale Manifest*, orientiert sich deutlicher an
evangelikaler Sprache. Mit Themen wie Schriftautorität, stellvertretender
Opfertod Jesu, Besänftigung des Zornes Gottes, Sühne und Busse wird einem evangelikalen Publikum deutlich gemacht, dass der Begriff „missional" durchaus orthodox ist, wenn man ihn entsprechend füllt. Das kultur-
kritische Element, die Gemeinde als Kontrastgesellschaft, wie auch das
Wissen um die Gebrochenheit aller Versuche, Reich-Gottes-Gemeinschaft
zu sein, kommen nicht oder kaum vor.

Das Heilsverständnis wird nicht ausführlich entfaltet. Im Rahmen des
Reich-Gottes-Begriffs werden aber Aspekte des Heils genannt, nämlich
„wahre Beziehung mit Gott, dem Nächsten und der Schöpfung", Wiederherstellung von Gerechtigkeit und „Heilung für eine gebrochene Welt"
(Abs. 3). Die Kirche dient dabei „als Agent des Königs, indem sie das
Evangelium verkündigt, verbreitet und seine Auswirkungen sichtbar aus-
lebt" (Abs. 3). Die Art und Weise, wie von Königreich, Mission und Be-
vollmächtigung gesprochen wird, lassen erahnen, dass wohl die *Kühnheit*
mehr betont wird als die *Demut*.

---

[37] Vgl. Willem Saayman; Klippies Kritzinger (Hrsg.), Mission in Bold Humility. David
Bosch's Work Considered, New York 1996. Diese Haltung der „kühnen Demut" kommt
vor allem auch in Boschs Bibelarbeiten zum 2. Korintherbrief zum Ausdruck: A Spiri-
tuality of the Road, Scottdale 1979.

2.3 Transformation als Aspekt der Soteriologie

Nun wenden wir uns Texten im deutschen Sprachraum zu. Zuerst ein Aufsatz, der im Jahrbuch 2009 der Gesellschaft für Bildung und Forschung GBFE erschien, das ganz dem Thema „Missionale Theologie" gewidmet war. In diesem Zusammenhang äußern sich die Dozenten des Marburger Bildungs- und Studienzentrums, Tobias Faix und Thomas Weissenborn, zum Thema Soteriologie. Die Überschrift des Aufsatzes lautet: „Transformation als Aspekt der Soteriologie".

Faix und Weissenborn fassen den neutestamentlichen Begriff *soteria* im Sinne des alttestamentlichen *Schalom*. Diesen definieren sie beziehungsbezogen und vierdimensional: „1. Gott – Mensch (Gottesliebe), 2. Mensch – sich selbst (Selbstliebe), 3. Mensch – Nächster (Nächstenliebe) und 4. Mensch – Natur (Schöpfung)".[38] Transformation spricht in diese vier Dimensionen hinein und fördert einen ganzheitlichen missionarischen Prozess. Dabei betonen beide Autoren, dass die Bibel nicht trenne „zwischen individuellen und gesellschaftlichen Veränderungsprozessen", vielmehr seien beide „unauflöslich miteinander verbunden" (114). Diesen ganzheitlichen Ansatz sehen sie bereits im Pietismus vorgezeichnet, vermissen ihn aber in der evangelikalen Tradition, vor allem auch in der „deutschsprachigen evangelikalen Praxis" (116).

In der detaillierten Definition des Heils halten sich die Autoren im Wesentlichen an Paul Kleiners Artikel „Integrale Mission: Das 'ganze Evangelium' als Inhalt der Mission".[39] Kleiner folgend definieren die Autoren ein ganzheitliches Heilsverständnis in acht Begriffspaaren (117–120):[40]

- das Heil ist gegenwärtig und zukünftig
- das Evangelium betrifft Seele und Leib
- das Heil ist individuell und gemeinschaftlich
- das Evangelium wird punktuell und prozesshaft angeeignet
- das Heil ist geistgewirkt und menschlich bezeugt
- das Evangelium ist Wort, Tat und Sein
- das Heil kommt von Gott her und in die Welt hinein
- das Evangelium ist Kraft Gottes in Zeit und Ewigkeit

---

[38] Faix; Weissenborn, Transformation als Aspekt der Soteriologie, 113. Im Folgenden erscheinen die Seitenzahlen in Klammern im Haupttext.

[39] Erschienen in Andreas Kusch (Hrsg.), Transformierender Glaube. Missiologische Beiträge zu einer transformativen Entwicklungspraxis. Nürnberg 2007, 170–176.

[40] Da, wo Kleiner „Evangelium" sagt, sagen Faix und Weissenborn an einigen Stellen „Heil". Sie brauchen die beiden Begriffe also synonym.

Zentral für den transformativen Einbruch des Heils in die gefallene Welt, ist für die Autoren eine „Theologie der Mächte" (121), die im Wesentlichen der von Berkhof, Newbigin, Yoder oder Wink vorgelegten Deutung neutestamentlicher Text folgt. Im Gegensatz zu den Zeloten strebe „Paulus keine Zerstörung, sondern eine Transformation der Mächte an" (125). Für die Autoren bricht das Heil Gottes in seinen vielfältigen Dimensionen deshalb sowohl durch die Bekehrung von Einzelnen in die Welt hinein, als auch dadurch, dass die Mächte unter die Herrschaft Gottes gebracht werden. Dazu seien sowohl der „Aufbau einer Alternativgesellschaft", als auch der „Marsch durch die Institutionen" (127) in gleicher Weise nötig.

Die Stichworte „Transformation" und „Aspekte der Soteriologie" im Titel deuten bereits an, dass hier nicht alle Aspekte der Heilslehre behandelt werden. So wird weder zu der in Jesus Christus geschehenen Heilstat etwas gesagt, noch zur Eschatologie. Das öffnet natürlich Spielraum für Mutmaßungen, Rückschlüsse und Kritik. Angesichts der kontroversen Debatten um eine missionale Theologie wäre es sicher wünschenswert, gerade die Christologie und die Eschatologie explizit und präzise zu formulieren.

Im Vergleich mit den beiden oben vorgestellten nordamerikanischen Texten scheint mir hier eine dritte Akzentsetzung vorzuliegen. Deutlicher als im evangelikalen *Missionalen Manifest* wird hier die Gesellschaftstransformation betont. Dabei bedient man sich der Kategorie *Mächte und Gewalten* bezogen auf gesellschaftliche Strukturen. Das ist in der Spur von Newbigin, Bosch und Yoder. Allerdings scheinen mir Faix und Weissenborn sehr viel optimistischer als Newbigin, Bosch und Yoder von einer Gesellschaftstransformation mittels „Marsch durch die Institutionen" zu reden. Die Art und Weise wie Faix und Weissenborn von der „Transformation der Mächte" reden, geht über das hinaus, was Berkhof, Yoder, Wink und andere zum Thema gesagt haben.[41] Es fragt sich, ob es nicht auch über das hinausgeht, was das Neue Testament sagt und meint.

Mit den Themen, die Faix und Weissenborn bearbeiten, sind wir im Bereich der Ethik gelandet und niemand wird wohl bestreiten wollen, dass Fragen der gesellschaftlichen Verantwortung wesentlich zum Bereich der christlichen Lebensgestaltung gehören. Damit stellt sich aber die Frage, wie Heilslehre (Soteriologie), Mission und Sozialethik aufeinander zu beziehen sind. Es scheint, dass in manchen Kreisen missionaler Theologie die Sozialethik grundsätzlich der Mission zu- und untergeordnet wird. Damit wird aber auch das Verhältnis von Mission und Diakonie neu zu bestimmen

---

[41] Meines Wissens spricht Walter Wink in seiner Trilogie „Naming the Powers" (1984), „Unmasking the Powers" (1986) und" Engaging the Powers" nicht von einer erlösenden (soteriologischen) Transformation der Mächte.

sein. Das wäre eine deutliche – vielleicht notwenige – Akzentverschiebung gegenüber dem klassischen (evangelikalen) Verständnis, das zwischen *Kulturmandat* und *Missionsmandat*, zwischen *Erhaltungsordnung* und *Erlösungsordnung*, und von daher auch zwischen *Wohl* und *Heil*, zwischen *Sozialethik* und *Mission* unterscheidet. Ich denke, dass zu dieser Frage weitere theologische Hausaufgaben zu leisten sind – und eine erneute, sorgfältige Lektüre von Newbigin, Bosch und Yoder könnte wegweisend sein.

2.4 Thesen zu einer missionalen Soteriologie

Das Institut für Weltmission (IGW) ist eine weitere Bildungseinrichtung, die sich konsequent als missional definiert. Im Frühjahr 2014 haben Dozierende des IGW 12 Thesen zur missionalen Soteriologie erarbeitet. Stefan Wenger und Roland Hardmeier haben mit zwei Grundsatzvorträgen die Diskussionsgrundlage gelegt. Im Folgenden werde ich diese beiden Vorträge kurz würdigen und anschließend die IGW-Thesen vorstellen.

Eine erste Grundlage für die IGW-Thesen bildet der Vortrag von Wenger mit dem Titel *Missionale Soteriologie aus alt- und neutestamentlicher Perspektive*. Wenger setzt bei seiner Darstellung der alttestamentlichen Soteriologie beim Exodus ein, den er als mehrdimensionales Heilshandeln Gottes in der Geschichte versteht: „Gottes Wirken beschränkt sich keineswegs etwa nur auf eine wie auch immer geartete geistliche Erneuerung, sondern greift fundamental und heilvoll in die großen menschlichen Lebensbezüge ein. Damit wird deutlich: Gottes Heilshandeln ist nicht nur multidimensional, sondern auch transformatorisch."[42]

Im Einzelnen wird dann die Mehrdimensionalität wie folgt dargestellt: (1) Der Exodus als politisches Geschehen, der in die Freiheit führt. (2) Der Exodus als wirtschaftliches Geschehen, das zu Wohlergehen führt. Dabei nimmt das Jubeljahr einen zentralen Platz ein. (3) Der Exodus als soziales Geschehen, das zu Gerechtigkeit führt. (4) Der Exodus als geistliches Geschehen, das zur Gottesbeziehung führt, die im ersten Gebot begründet ist. Die Schlussfolgerung zum Heilsverständnis des Alten Testament lautet (5):

> Gottes soteriologisches Handeln ist innerweltlich-multidimensional-transformatorisch ausgerichtet und zielt im Blick auf alle Menschen auf Freiheit, Wohlergehen, Gerechtigkeit und Gottesbeziehung. Damit lässt sich der Inhalt des alttestamentlichen Evangeliums in einem unerhört stark gefüllten Wort auf den Punkt bringen; [sic!] Evangelium meint irdischen Schalom.

---

[42] Wenger, Missionale Soterologie [sic!], 3. Im Folgenden erscheinen die Seitenzahlen in Klammern im Haupttext.

Im Neuen Testament deutet Wenger dann zuerst einmal Jesus im Lichte des eben skizzierten Heilsverständnisses des Alten Testaments. Er betont, dass Jesus nicht lediglich als sterbender und auferstehender Erlöser gesehen werden darf, sondern auch als Prophet, durch dessen Reden und Handeln Gottes Reich gegenwärtig wird.

Im Leben und Sterben Jesu sieht Wenger dann dieselben vier Dimensionen des Heils verwirklicht wie im Alten Testament: Gottesbeziehung, Freiheit, Wohlergehen und Gerechtigkeit. Eine Akzentverschiebung sieht er in der Gottesbeziehung, welche im Alten Testament noch mehr immanent sei, nun in Jesus aber ewig. Das führt zum Schlüsselsatz, dass es an Jesus vorbei kein eschatologisches Heil geben kann (8):

> Heil gewinnt bei ihm [Jesus] – mehr noch als im Alten Testament – eine eschatologische Dimension: die ewige Gemeinschaft mit Gott. Damit lässt sich der Inhalt des Evangeliums von Jesus Christus erneut in jenem unerhört stark gefüllten Wort auf den Punkt bringen, diesmal aber unter einem eschatologischen Horizont: Evangelium meint ewigen Schalom.

Schließlich wendet sich Wenger dem „übrigen Neuen Testament" zu. An zwei Texten macht er das Heilsverständnis exemplarisch fest: (1) An der auf Erlösung hoffenden und in Geburtswehen liegenden Schöpfung in Röm 8 und (2) an der Vision von einem neuen Himmel und einer neuen Erde in Apk 21. Mit den Worten von N.T. Wright betont Wenger (10):

> Gott schuf Himmel und Erde; zuletzt wird er beide neu machen und auf ewig vereinen. Und wenn wir zum Bild des tatsächlichen Endes in Offenbarung 21–22 kommen, finden wir keine erlösten Seelen auf dem Weg in einen unkörperlichen Himmel, sondern vielmehr das neue Jerusalem auf dem Weg vom Himmel zur Erde, das Himmel und Erde in einer bleibenden Umarmung vereint.

Wenger sieht in dieser Vision der Heilsvollendung auch die vollumfängliche Erfüllung des Vaterunser-Gebets: Dein Reich komme; dein Wille geschehe, wie im Himmel so auch auf Erden. Das letzte Ziel aber ist der „universale Lobpreis" und die „absolute Anbetung Gottes", wenn Wirklichkeit wird, was in Röm 11,36 steht: Denn von ihm und durch ihn und für ihn sind alle Dinge! Ihm sei die Herrlichkeit in Ewigkeit! Amen.

Im Schlussteil wendet sich Wenger unter dem Titel „Christwerden und sein" der persönlichen Heilszueignung und Heilsaneignung zu. Er schließt dazu mit der These (12):

Menschen empfangen allein auf Grund von Gottes in Christus offenbarter, gnädig vergebender Liebe eschatologisches Heil. Diese bedingungslose Liebe aber lässt in einem „begnadigten" Menschen – so der „Normalfall" – ein existentielles Vertrauen zu Gott wachsen. Sie lässt einen Glauben reifen, der sich in gelebter Gerechtigkeit und Barmherzigkeit manifestiert und der diesen Menschen eben dadurch als Nachfolger von Gottes Christus ausweist. Solchen Menschen ist Gottes eschatologisches Heil verheissen.

Der Begriff missional kommt lediglich an zwei Stellen vor. Unklar bleibt, was denn das missionale an der vorgestellten Heilslehre ist. Ohne Zweifel sind mehrere Aspekte zu identifizieren, welche wir bereits als Merkmale einer missionalen Theologie kennengelernt haben: (1) Die Betonung der vertikalen *und* der horizontalen Dimension des Heils. (2) Die Mehrdimensionalität, bzw. Ganzheitlichkeit des Heils. (3) Die Zentralität des Lebens Jesu (nicht nur Tod und Auferweckung), (4) der Schalombegriff als Kern des biblischen Heils.

Es bleiben aber auch Fragen: (1) Ist die scharfe Differenzierung zwischen der Gottesbeziehung im AT und im NT – hier „immanent", dort „ewig" – schrift- und sachgemäß? (2) Warum werden im AT das ganze Thema Schuld-Opfer-Sühne und die entsprechenden Aussagen im NT zum Tod Jesu nicht erwähnt? Selbst wenn man diese Texte nicht im Sinne traditioneller evangelikaler Sühnetheologie verstehen will, muss man sie ja deuten und kann sie nicht einfach ignorieren. (3) Die in der Bibel durchaus vorhandene Spannung zwischen einer historischen Diskontinuität zwischen dieser Welt und der neuen Schöpfung (Apokalyptik, Weltuntergang, Neuschöpfung) und einer Kontinuität (Erlösung und Vollendung dieser Welt) wird von Röm 8 her eindeutig zugunsten der Kontinuität aufgelöst. Wenn die exegetische Entscheidung so gefällt wird, müssten die anderen Texte mindestens erwähnt und die Entscheidung begründet werden.

In einem zweiten Vortrag setzt Hardmeier das Thema *Missionale Soteriologie* in einen historischen Kontext. Auf der einen Seite steht das traditionelle evangelikale Heils- und Missionsverständnis:

> Es besagt: Heil ist persönliche Rettung von den Folgen der Sünde. Es verwirklicht sich durch den Glauben an Christus und sein Erlösungswerk und hat das ewige Leben zum Ziel. Auffallend an diesem Heilsverständnis ist sein individualistischer Charakter. Heil ist eine persönliche Sache zwischen Mensch und Gott.[43]

---

[43] Hardmeier, Missionale Soteriologie aus missiologischer Perspektive, 3. Im Folgenden erscheinen die Seitenzahlen in Klammern im Haupttext.

Diesem Heils- und Missionsverständnis gegenüber steht das Verständnis des *Social Gospel*, welches die Missionstheologie des Weltkirchenrates prägt. Hardmeier sieht das so (4):

> Heil ist im Social Gospel strukturelle Veränderung der Gesellschaft. Es verwirklicht sich in der liebevollen Hinwendung zum Mitmenschen und hat die Erlösung von sozialem Übel zum Ziel.

Hardmeier sieht im Weltmissionskongress von Lausanne (1974) den Durchbruch einer dritten Option, insbesondere im Beitrag der *Radical Discipleship Group*, welche im und nach dem Kongress aktiv wurde und ein Missionsverständnis vorlegte, das sie selbst als „ganzheitlich" bezeichnen (5):

> Das Evangelium ist Gottes Gute Nachricht in Jesus Christus. Es ist die Gute Nachricht von der Herrschaft, die er ausgerufen und in seinem Leben selbst dargestellt hat. Es ist die Nachricht von Gottes Gebot der Liebe, die Welt durch das Kreuz Christi – und durch ihn allein – ganzheitlich wiederherzustellen [...] Es ist die Gute Nachricht von der Befreiung, der Erneuerung, dem Heilsein und einer Erlösung, die persönliche, soziale, globale und kosmische Dimensionen hat.

Hardmeier betont, dass in dieser Passage die Begriffe „ganzheitlich" und „Dimensionen des Heils" verwendet werden. Dies versteht er als Durchbruch in der evangelikalen Missionstheologie. Deshalb markiert für ihn dieses Dokument auch „etwas vereinfachend gesagt, die Grundlegung einer missionalen Theologie evangelikalen Zuschnitts, auch wenn der Begriff erst vierzig Jahre später Verbreitung fand".

Das Heilsverständnis, das von den sogenannten *radikalen Evangelikalen* in den Jahren nach 1974 erarbeitet wurde, skizziert Hardmeier wie folgt (5): „Heil ist nach radikalem Verständnis persönliche und gesellschaftliche Transformation. Es verwirklicht sich in der radikalen Nachfolge Christi und hat ganzheitliche Erlösung zum Ziel."

In dieser Definition sieht Hardmeier den eigentlichen Durchbruch im evangelikalen Heils- und Missionsverständnis (6):

> Die Stärke dieses Heilsverständnisses liegt in seinem integrativen Potenzial. Es bekräftigt, dass Heil persönliche Transformation ist, wobei Transformation ein anderer Begriff für Bekehrung ist. Durch persönliche Umkehr zu Jesus Christus erfährt der Mensch Heil. Er tritt in die Nachfolge Christi ein und lernt, so zu handeln wie Jesus in der Welt handelte. Dadurch trägt er zu gesellschaftlicher Transformation bei. [...] [D]as Heil [betrifft] nicht entweder den Menschen oder die Gesellschaft, sondern beides. Es geht nicht entweder um das ewige Leben oder die Schaffung gerechter

Strukturen, sondern wiederum um beides. Mit ihrem ganzheitlichen Heilsverständnis haben die radikalen Evangelikalen in entscheidender Art und
Weise den Weg für ein missionales Denken in der evangelikalen Bewegung
gebahnt.

In einem biblischen Teil legt Hardmeier dann dar, dass das biblische Heilsverständnis ganzheitlich ist und mit drei Dimension umrissen werden
muss: Persönlich, sozial und kosmisch. Zusammenfassend schreibt er (9):
„Heil ist seinem Wesen nach Wiederherstellung. Es besteht in der Überwindung der schlimmen Folgen des Sündenfalls in seiner ganzen Band-
breite und zielt auf die Wiederherstellung alles Geschaffenen."

Hardmeier bedauert die Engführung des evangelikalen Heilsbegriffs,
weil er hinter dem biblischen Reichtum des Heils zurückbleibt. Er kann
deshalb schreiben (10):

> Wenn in der glaubensvollen Hinwendung zu Christus Heil erfahren wird
> (Joh 1,12), wenn Israel in der Befreiung aus Ägypten von politischer Un-
> terdrückung und wirtschaftlicher Ausbeutung erlöst wurde (Ex 6,6), wenn
> diese Erlösung durch erneuerte zwischenmenschliche Beziehungen Gestalt
> annimmt (Lk 19,9; Röm 14,17), und wenn eines Tages die Schöpfung durch
> ihre Befreiung aus der Vergänglichkeit dem völligen Heilsein zugeführt
> wird (Röm 8,21), dann kann biblisches Heil nicht anders als ganzheitlich
> sein.

Als Hardmeier im Frühjahr 2014 diesen Text verfasste, arbeitete er bereits
an seinem Buch *Missionale Theologie*, in dem er seine Sichtweise und Argumente ausführlicher vorstellt und entfaltet. Dabei wird deutlich, was sich
bereits in diesem Vortrag ankündigt: Hardmeier definiert das Heil ganzheitlich im Sinne der *radikalen Evangelikalen* und des *Social Concern
Track* der Lausanner Bewegung. Hardmeier sieht darin einen Paradigmenwechsel in der evangelikalen Missionstheologie, den er im Untertitel seines
Buches als Hinwendung der Evangelikalen zur Weltverantwortung bezeichnet.

Basierend auf Impulsen von Wenger und Hardmeier hat die IGW-Arbeits-
gruppe dann *12 Thesen zur missionalen Soteriologie* erarbeitet. In den ersten drei Thesen wird „Heil Gottes als umfassender Schalom"[44] entfaltet.
Die biblischen Studien von Stefan Wenger schlagen sich im Text nieder.
Die erlösungsgeschichtliche Dimension wird betont. „Gottes Suchbewegung der Liebe" (These 1) steht am Anfang. Das Heil wird vom Schalom-

---

[44] Peyer; Girgis, 12 Thesen zur missionalen Soteriologie, These 1–3.

Begriff her gefüllt (Thesen 2 und 3). Die meines Erachtens nicht unproble-
matische Unterscheidung zwischen Altem und Neuem Testament, bzw. *irdischem* und *ewigem* Schalom, fließt in die Thesen ein. Die erste Thesen-
gruppe schließt mit dem eschatologischen Vorbehalt. Es folgen drei
Thesen zum *Wesen des Heils*. Sie kreisen um die drei Begriffe *Lebensbe-
jahung*, *Wiederherstellung* und *Ganzheitlichkeit*.

In den Thesen 7 und 8 geht es um die Aneignung des Heils. Mit den
auch im Originaltext markierten Begriffen *Sünde*, *Umkehr* und *Wiedergeburt* wird dabei klassisches evangelikales Missionsvokabular aufgegriffen.
Eine auf das Individuum bezogene Lehre der Heilsaneignung (Bekeh-
rungslehre) wird dadurch betont. Schließlich folgen vier Thesen zur *Vermittlung des Heils*. Hier wird nun das Missionsverständnis definiert, das
vom Begriff der *Mitwirkung zur Erneuerung der Welt* (These 9) her entfaltet wird. Die gesamte christliche Existenz wird dabei von der Berufung und
von der Sendung her verstanden. Damit fallen – wie schon früher bemerkt
– Mission (im klassischen Sinne) und Ethik zusammen. Gesellschaftsver-
antwortung wird unter der Kategorie „Erneuerung der Welt" gesehen. Ist
damit eine Unterscheidung zwischen Welterhaltung und Welterlösung auf-
gehoben?

Bei der Umsetzung dieses Missionsverständnisses steht dann die Verkündigung im Zentrum (These 10). Die Aussagen dieses Artikels klingen
etwas widersprüchlich. Einerseits wird das Primat der Verkündigung pos-
tuliert: „Zentrale Aufgabe der Kirche ist dabei die *Verkündigung* des Evangeliums". Andererseits wird der Verkündigungsbegriff über die verbale
Verkündigung hinaus ausgeweitet: „Verkündigung meint dabei nicht primär verbale Kommunikation, sondern einen Lebensstil". Damit gelingt es,
die evangelikale Betonung der Vorrangigkeit der Verkündigung zu ge-
währleisten, diese aber durch ein erweitertes Verkündigungsverständnis
auch zu relativieren. Ist das ein genialer Schachzug oder eine noch nicht
ganz zu Ende gedachte Widersprüchlichkeit?

Ich sehe keinen biblischen Grund, die Proklamation des Evangeliums
(*angello*, *euangelizomai*, *kerysso*) nicht eindeutig mit verbaler Kommunikation (Wort) in Verbindung zu bringen – selbstverständlich abgedeckt
durch einen glaubwürdigen, zeugnishaften Lebenswandel. Da scheinen mir
die Definitionen, die der Weltkirchenrat in den Vorbereitungsdokumenten
für die Ökumenische Weltmissionskonferenz 2005 in Athen benutzt hat,
präziser:

a) „Mission" hat eine ganzheitliche Bedeutung: die Verkündigung und das
Miteinanderteilen der Frohen Botschaft des Evangeliums durch Wort

(*kerygma*), Tat (*diakonia*), Gebet und Gottesdienst (*leiturgia*) und das all-
tägliche Zeugnis des christlichen Lebens (*martyria*); Lehre als Aufbau und
Stärkung der Menschen in ihrer Beziehung zu Gott und zueinander und
Heilung als Ganzheit und Versöhnung zu *koinonia* – Gemeinschaft mit
Gott, Gemeinschaft mit Menschen und Gemeinschaft mit der Schöpfung
als Ganzer.

b) „Evangelisation" schließt diese verschiedenen Dimensionen der Mission
nicht aus, doch der Schwerpunkt liegt hier auf der ausdrücklichen und ab-
sichtsvollen Bezeugung des Evangeliums, darunter die Einladung zur persönlichen Umkehr zu einem neuen Leben in Christus und zur Nachfolge.[45]

Die *Ganzheitlichkeit* der Mission wird in einem ganzheitlichen Heilsverständnis begründet (IGW, These 11). Beide orientieren sich an den Nöten
der Menschen. So vielfältig diese sind, so weit ist auch das Heil und folge
dessen die Mission. Die Klammer dieses ganzheitlichen Heilsverständnisses wird mit dem Begriffspaar „Heil und Heilung" gegeben. Das scheint
mir problematisch, insbesondere, wenn die Verhältnisbestimmung von
Heil und Heilung nicht definiert ist. Boschs weiter oben referierte These,
dass das Heil und das Wohl zwar verzahnt, aber nicht identisch sind, sollte
vertieft bedacht werden. Die saloppe Formel *Heil und Heilung* ist in neue-
rer Zeit auch im Zusammenhang mit Krankheit und Behinderung kritisch
diskutiert worden.[46] Hier ist große theologische und seelsorgerliche Sorg-
falt gefragt.

Insgesamt sehe ich in den IGW-Thesen das Bemühen, klassische evangelikale Kernpunkte festzuhalten (Erlösungswerk Jesu durch seinen Tod,
Notwendigkeit der individuellen Umkehr, Primat der Verkündigung, eschatologischer Vorbehalt usw.). Gleichzeitig werden diese evangelikalen
Kernpunkte im Rahmen eines ganzheitlichen Heils- und Missionsverständnisses gedeutet. Dabei versteht man sich in der Tradition der *Social-Con-
cern-Evangelicals* innerhalb der Lausanne-Bewegung.

Abschließend sei auf einen auffallenden Aspekt der IGW-Thesen hingewiesen: Die 12 Thesen kommen in ihrem Heilsverständnis ohne Ekklesiologie aus.[47] Die Kirche nimmt weder als *medium salutis* noch als Gestalt-
werdung des Heils (Yoder) einen Platz in den Thesen ein (siehe Zeindler-
Zitat oben). Dieses Ekklesiologie-Defizit ist typisch für die evangelikale
Bewegung. Sie ist auf Evangelisierung ausgerichtet und versteht Kirche

---

[45] Ökumenischer Rat der Kirchen, Vorbereitungspapier Nr. 1: Mission und Evangelisation
in Einheit heute, Punkt 7.

[46] Siehe dazu Ulrich Bach, Ohne die Schwächsten ist die Kirche nicht ganz. Bausteine einer
Theologie nach Hadamar, Neukirchen 2006.

[47] IGW hat auch eine Thesenreihe zu einer missionalen Ekklesiologie verfasst. Mir geht es
hier um den fehlenden Bezug von Ekklesiologie und Soteriologie.

hauptsächlich instrumental (Ressourcenpool für die Weltevangelisierung). Schon die vielzitierte Lausanner-Verpflichtung ist ekklesiologisch sehr dünn. Es würde sich für evangelikale missionale Bewegungen lohnen, die oben vorgestellten Wegbereiter des missionalen Denkens gerade hinsichtlich ihrer Ekklesiologie sorgfältiger einzuarbeiten.

3. Synthese und Diskussion

Abschließend soll versucht werden, den Ertrag der Untersuchung in Thesenform festzuhalten und zu diskutieren.

1. Missionale Theologien knüpfen am *Missio-Dei-Konzept* an und sehen die Sendung der Kirche in der Fluchtlinie von Gottes Heilshandeln, wie es in der Geschichte der Bibel bezeugt ist und in Jesus Christus seinen Höhepunkt findet. „*[M]issional* beginnt mit der Erkenntnis von Gottes missionarischem Wesen."[48] Es handelt sich bei der Kirche „um eine Gemeinschaft, die sichtbar und wirksam an Gottes Handeln in dieser Welt teilnimmt".[49] Die Kirche ist Teil von Gottes Projekt einer neuen Schöpfung und wird durch Gottes Geist in die Missio Dei hineingenommen.

Folgerichtig wird die Soteriologie von der „Suchbewegung die Liebe Gottes"[50] her entfaltet, welche im Heilshandeln Gottes durch seinen Sohn Jesus Christus ihr Zentrum hat. Insbesondere da, wo missionale Theologie als evangelikale Theologie verstanden werden will, steht das Heilswerk Gottes in Jesus Christus im Zentrum der Soteriologie.

2. Von der Missio Dei herkommend betonen missionale Theologien *das missionarische Wesen der Kirche*. Mission ist nicht nur ein Handlungsfeld der Kirche neben anderem, sondern ihr Sein. Dieses missionarische Wesen wird oft in Begriffen der Inkarnation beschrieben. Dadurch erhält die Präsenz der Kirche in der Welt eine zentrale Bedeutung, die etwa in folgenden Spitzensätzen zum Ausdruck kommt: „Durch die Kirche offenbart Gott sein Wesen in der Welt" oder „Die Kirche ist die gegenwärtige Inkarnation Jesu Christi in der Welt. Sie verkörpert die Liebe, die Barmherzigkeit und die Zuwendung Gottes zur Welt".[51]

Konsequenterweise wird eine missionale Soteriologie die soteriologische Dimension der Kirche reflektieren und explizit artikulieren, wie das

---

[48]   IGW, Einführung in die missionale Theologie, 7.
[49]   GOCN, Indicators of a ‚Missional Church', 5 (eigene Übersetzung).
[50]   Peyer; Girgis, 12 Thesen zur missionalen Soteriologie, These 1.
[51]   Peyer; Girgis, 15 Thesen zur missionalen Ekklesiologie, These 2 und 5.

bei Newbigin, Bosch (bezugnehmend auf Karl Barth) und Yoder geschieht. Diese soteriologische Dimension der Ekklesiologie finde ich allerdings in den verschiedenen Texten zu einer missionalen Theologie kaum ausgeführt. Im neusten Dokument, den IGW-Thesen zu einer missionalen Soteriologie, spielt die Kirche eine untergeordnete Rolle. Da, wo Kirche oder Gemeinschaft vorkommen, haben sie keinen direkten Bezug zur Soteriologie per se. Eine missionale Soteriologie wird formulieren müssen, in welcher Weise die Kirche nicht nur funktional der Heilsvermittlung zuzuordnen ist, sondern wesenhaft ein Moment von Heil verkörpert.

3. In missionalen Theologien werden das *Heil und das Evangelium betont ganzheitlich definiert.* Laut Roland Hardmeier steht die evangelikale missionale Bewegung dabei in der Tradition der *radical evangelicals* oder der *social concern evangelicals* innerhalb der Lausanner Bewegung. Die Ganzheitlichkeit wird dabei unterschiedlich definiert, z. B. persönlich, sozial, kosmisch (Hardmeier), oder Freiheit, Wohlergehen, Gerechtigkeit und Gottesbeziehung (Wenger), oder Beziehung Gott – Mensch, Beziehung Mensch zu sich selbst, Beziehung Mensch – Nächster und Beziehung Mensch – Schöpfung (Faix & Weissenborn).

Die Definition des Evangeliums ist von zentraler soteriologischer Bedeutung, denn die Gute Nachricht leitet sich direkt von der Definition des Heils ab. In missionalen Theologien wird das ganzheitliche Heilsverständnis oft vom biblischen Schalom-Begriff her entfaltet. Ich halte das für eine richtige und absolut zentrale Entscheidung. Der Schalom-Begriff umschließt nicht nur verschiedene Dimensionen des Heils, er knüpft das Heil auch ganz zentral an das Heilswerk des Gottesknechts (Jes 53,5; Eph 2,15). Das wird allerdings in Entwürfen missionaler Theologie zu wenig konsequent aufgezeigt. Von der programmatischen Ankündigung in Lk 2,14 her (Ehre sei Gott in der Höhe und Friede auf Erden...), wird zudem deutlich, dass der Friede, den Christus bringt, nicht losgelöst von der Anbetung des Vaters im Himmel gedacht werden soll. Auch das wird meines Erachtens oft nicht genügend deutlich gesehen.[52]

4. In missionalen Theologien wird der Sündenbegriff oft über die individuelle Sündhaftigkeit des Menschen hinaus ausgedehnt. *Sünde wird individuell, sozial und strukturell definiert.* Mit den Begriffen der Mächtetheologie

---

[52] Ich habe das ausführlicher begründet in „Schalom – das Projekt Gottes"; und in „Das Ringen um ein ganzheitliches Missionsverständnis".

(Rückgriff auf Berkhof, Newbigin, Yoder, Wink u.a.) wird von der Sündhaftigkeit überpersonaler Systeme und Strukturen gesprochen (ausführlich Faix & Weissenborn).

Dementsprechend betont eine missionale Soteriologie das Heilswirken Gottes im Sinne des Sieges über Mächte und Gewalten. Der Exodus dient dabei gerne als Paradigma für Gottes befreiendes Heilshandeln (Wenger). Auch das Heilswerk Christi wird bevorzugt als Sieg über die Mächte und Gewalten verstanden (Mt 28,18; Kol 2,15). Davon abgeleitet kann auch von der „Transformation der Mächte" die Rede sein (Faix & Weissenborn). Diese These bedarf allerdings weiterer theologischer Klärung.

5. Der Missio-Dei-Gedanke und das Motiv der Inkarnation (Gott in seiner Hinwendung zum Menschen begibt sich in der Gestalt des Menschen in dessen Welt hinein) führen konsequenterweise dazu, dass missionale Theologien die *kulturelle Relevanz des Evangeliums* betonen – konkret bezogen auf die westliche, postmoderne und nach-christliche Kultur.

Das gilt auch für eine missionale Soteriologie, welche in mehrfacher Weise bei den Menschen, ihrem erlebten Unheil (Not) und ihren Heilssehnsüchten anknüpft und das biblische Heil in Sprache und Begriffen zu formulieren versucht, die Menschen in ihren jeweiligen kulturellen Denkformen erreicht. Es wird argumentiert, dass die traditionelle Sprache von persönlicher Sünde und Schuld, von Sühnung der Schuld durch den Opfertod Jesu und von der Rechtfertigung des Sünders Menschen in der gegenwärtigen westlichen Kultur kaum mehr zu vermitteln sind. Es werden deshalb alternative Ausdrucksweisen für das göttliche Heilshandeln gesucht, wie z. B. „Befreiung", „Wiederherstellung einer gottgewollten Ordnung" oder „Aufhebung aller lebensfeindlichen Mächte".

6. Missionale Theologien betonen Gottes Heilsabsicht, seine ganze Schöpfung zu erneuern, und stellen Kirche und Mission in den Kontext dieser *Transformation.* Das missionarische Wesen der Gemeinde zielt auf die Transformation der Welt. Die Gemeinde ist dazu berufen an der „umfassenden Erneuerung der Welt mitzuwirken".

Das hat selbstverständlich Konsequenzen für die Soteriologie: „Die Rettung einzelner Menschen durch den Glauben an Christus ist ein sehr wichtiger Aspekt der Mission", letztlich geht es jedoch um die „Umwandlung der Welt in einen Ort des Friedens und der Gerechtigkeit" (Hardmeier). Die Tatsache, dass Gottes Rettungsabsicht nicht nur der individuellen Seele gilt, sondern der ganzen Schöpfung, ist biblisch unbestritten. Die Zuordnung von individuellem Heil und der Erlösung der Schöpfung muss jedoch sorgfältig geschehen. Newbigin hat diese Frage umsichtig und detailliert bearbeitet. In der neueren Literatur zur missionalen Theologie geschieht das nicht immer in derselben Tiefe, und man wünscht sich hier präzisere theologische Arbeit.

7. Das führt zur Eschatologie: Gegenüber einer Theologie, welche die Realisierung der Erlösung der sozialen Ordnungen und der Schöpfung in die Zukunft verlegt, betonen missionale Theologien den *Anbruch des Reiches Gottes hier und heute.* Ihre eschatologischen Konzepte können auch hier als Alternativen zu einer oft einseitig zukunfts- und jenseitsorientierten evangelikalen Eschatologie gesehen werden.[53]

Soteriologisch heißt das, dass die Heilsverwirklichung in allen Dimensionen bereits in dieser Weltzeit anbricht. Das „Schon" und „Noch-nicht" wird nicht in dem Sinne gedeutet, dass manche Aspekte des umfassenden Heils (Rechtfertig und Versöhnung des Individuums mit Gott) „schon jetzt" Realität sind, während andere Dimensionen des Heils (Gesellschaft, Schöpfung) „noch nicht" realisiert sind. Ebenso wird die Unterscheidung abgelehnt, dass das Heil de jure „schon" zugerechnet ist, währendem die Realisierung de facto „noch nicht" anbricht. Das „Schon" und „Noch-nicht" heißt vielmehr, dass die Realisierung aller Bereiche des Heils „schon jetzt" anbricht, jedoch „noch nicht" vollendet ist (Newbigin).

8. In diesem Zusammenhang muss auch betont werden, dass missionale Theologien die *eschatologische Kontinuität zwischen der alten und der neuen Schöpfung* betonen. Gegenüber der apokalyptischen Sprache von Gericht, Weltuntergang und Neuschöpfung spricht man hier lieber von der Vollendung der angebrochenen neuen Schöpfung oder des Reiches Gottes. Das „Schon" wird gegenüber dem „Noch-nicht" aufgewertet, ohne dabei die Vollendung als Resultat einer innerweltlichen evolutionären Entwicklung zu sehen.

Das hat soteriologische Konsequenzen: Von Röm 8 ausgehend, wird nicht die Vernichtung dieser alten Welt erwartet, sondern ihre endgültige Erlösung. Da jedoch für die Diskontinuität wie für die Kontinuität bibli-

---

[53] Dazu Elmar Spohn, Ratlos vor der Eschatologie? Gedanken zur Überwindung defizitärer Eschatologie in den holistischen Ansätzen der Evangelikalen, in: Rainer Ebeling; Alfred Maier (Hrsg.), Missionale Theologie, GBFE-Jahrbuch, Marburg 2009, 96–112.

*sche Anhaltspunkte gefunden werden können, ist hier sorgfältige und aus-
gewogene biblisch-theologische Arbeit nötig. Die wird von Vertretern missionaler Theologien nicht immer geleistet.*[54]

9. In missionalen Theologien bleibt *Evangelisation* zentral, wird jedoch in
den Zusammenhang des ganzheitlichen Evangeliums und der ganzheitlichen Mission gestellt. Missionale Theologien, die explizit evangelikal sein
wollen, betonen die bleibende Bedeutung, ja sogar Vorrangstellung der
Evangelisation. Die „Verkündigung des Evangeliums vom Reich Gottes"
wird als bleibende zentrale Aufgabe der Kirche gesehen. Dabei wird jedoch
Verkündigung „nicht primär als verbale Kommunikation" verstanden, sondern vielmehr als Lebensstil der christlichen Gemeinschaft.
*Soteriologisch geht es um die Heilsvermittlung und die Heilsaneignung.
In (evangelikalen) missionalen Theologien wird Evangelisation im Sinne
einer expliziten Einladung, die Gute Nachricht des Evangeliums glaubend
persönlich anzunehmen, betont. Die persönliche Heilsaneignung durch
Umkehr, Glaube, Sündenvergebung und Wiedergeburt ist zentral. Die Betonung, dass die Verkündigung des Evangeliums nicht nur verbal geschehen darf, ist wichtig, braucht jedoch vertiefte Reflexion. Die zum Teil berechtigte Kritik an der Wortlastigkeit evangelistischer Verkündigung darf
nicht durch eine grundsätzliche Wortskepsis ersetzt werden. Die verbale
Kommunikation des Evangeliums verbunden mit der konkreten Einladung
zum Glauben ist unverzichtbar. Im Weiteren fällt auf, dass die Taufe in den
von mir untersuchten missionalen Texten nicht vorkommt. Warum wird der
Ritus, der im Neuen Testament zentral mit der Heilszueignung verbunden
ist, einfach weggelassen?*

10. Missionale Theologien suchen nach *alternativen Formulierungen einer
Theologie des Kreuzes.* Die traditionelle Lehre vom stellvertretenden Sühnetod Jesu scheint in einer modern-postmodernen Kultur schwer kommunizierbar. Es werden deshalb neue Deutungen des Kreuzes gesucht, die
dem heutigen Menschen kommunizierbar sind (Kreuz als Sieg über Todes-
mächte, als Offenbarung der Liebe Gottes, als Leiden des Gerechten, als
Partizipation am Tod Jesu u.a.m.).
*Jede verantwortlich formulierte Soteriologie muss das in 1Kor 15,3–5
vorgegebene urchristliche Kerygma des „extra nos" – „pro nobis" der
Heilstat Jesu überzeugend deuten. Das erweist sich als harter Brocken für*

---

[54] Vgl. dazu bereits die Überlegungen im Rahmen der Lausanne Consultation on Evange-
lism and Social Responsiblity 1983, in: Klaus Bockmühl (Hrsg.), Verkündigung und
soziale Verantwortung, Giessen; Basel 1983, 44f.

eine missionale Soteriologie. Zu einer zufriedenstellenden Lösung habe ich bislang bestenfalls Ansätze gesehen. Nicht wenige Texte aus der Feder missionaler Theologen lassen das Thema einfach beiseite. Wieder andere rezipieren die Stellvertretungslehre dann doch in sehr traditioneller Weise (Missionales Manifest, Reimer). Hier scheint mir der größte theologische Nachholbedarf für missionale Theologien.

Schlusskommentar

Grundsätzlich halte ich den missionstheologischen Paradigmenwechsel, wie er durch Newbigin, Bosch und andere formuliert und mitgestaltet wurde, für wichtig und richtig. Die Konzepte Missio Dei, ganzheitliche Mission, missionarisches Wesen der Kirche, inkarnatorische Mission, Reich Gottes, Schalom, Transformation etc. können hilfreiche Kategorien sein, um das neue Paradigma zu fassen. Sie müssen jedoch gut reflektiert und präzise definiert sein. Missionale Theologie kann ein brauchbarer Begriff werden, um diesen Entwicklungen einen Namen zu geben. Der Begriff ist aber nicht selbsterklärend, sondern offen für alle möglichen Missverständnisse. Die Sache hängt letztlich nicht an der Vokabel *missional*.

Ich wünsche mir von Vertretern der missionalen Bewegung manchmal sorgfältigeres theologisches Arbeiten. Missionale Theologie ist (auch) eine Reaktion auf Einseitigkeiten und Engführungen traditioneller evangelikaler Theologie und westlicher Gemeindepraxis. Sie präsentiert sich nicht selten als Alternative. Sie findet diese Alternative in Konzepten wie Missio Dei, Transformation, ganzheitliche Mission und Inkarnation. Wie schon gesagt, sehe ich in diesen Konzepten tatsächlich fruchtbare Anstöße für eine Erneuerung von Theologie und Kirche. In der missionalen Bewegung werden jedoch nicht selten diese Konzepte etwas undifferenziert und manchmal sogar einseitig zu neuen, alles dominierenden Kategorien gemacht. Manche theologischen The-

Es scheint, dass die evangelikalen Beiträge zu einer missionalen Theologie hinsichtlich der theologischen Tiefenschärfe deutlich hinter den „Vätern" Newbigin, Bosch und Yoder zurückbleiben.

men, die aufgrund des biblischen Befundes in Spannung gehalten werden müssen, werden zu hastig einseitig aufgelöst. Das führt mitunter auch zu plakativ vorgetragenen Alternativen zu traditionellen Positionen und nicht selten zu neuen Einseitigkeiten.

Meines Erachtens machen sich manche Exponenten missionaler Theologien dadurch unnötig angreifbar. Eine vertiefte Auseinandersetzung mit den eingangs genannten „Vätern" missionaler Theologie würde manchen missionalen Entwürfen mehr Substanz geben. Newbigins Unterscheidung von *Dimension* und *Intention* würde missionale Theologien davor bewahren, Gemeinde nur noch unter dem Gesichtspunkt ihrer missionarischen Existenz zu sehen. Seine Schau vom Reich Gottes und der Eschatologie erhellen die ganze Diskussion um ein ganzheitliches Heilsverständnis und das eschatologische „Schon" und „Noch-nicht". Seine Bibelstudien zu einem von Joh 20,21 ausgehenden Missionsverständnis könnte manche Irrungen um den Begriff *inkarnatorische Mission* korrigieren. Boschs Begründung eines ganzheitlichen Heils im *ganzen Christus* verleiht der Debatte um die Dimensionen des Heils biblischen Tiefgang. Von Yoder wäre ein vertieftes Verständnis für die Gemeinde als neue Sozialordnung zu gewinnen, aber auch eine differenzierte Sicht für die Mächtelehre des Neuen Testaments. Sein „no peace without eschatology" relativiert jeden allzu überschwänglichen Weltverbesserungsoptimismus. Manche salopp klingenden Statements zur missionalen Gemeinde benutzen zwar Bruchstücke dieser (und anderer) Theologen, ohne jedoch deren Theologie immer in ihre Gesamtheit und Tiefe erfasst zu haben. Deshalb gilt auch: Nicht überall, wo *missional* draufsteht, ist auch *missional* drin, und mancherorts wird ganzheitliche Mission gelebt, ohne dass die Trendvokabeln der missionalen Theologie verwendet werden.

Bibliographie

Bosch, David J.: *Ganzheitliche Mission. Theologische Perspektiven*, Marburg 2011.

Ders.: Mission im Wandel. Paradigmenwechsel in der Missionstheologie, hrsg. v. Martin Reppenhagen, Gießen 2012.

Faix, Tobias; *Weissenborn*, Thomas: *Transformation als Aspekt der Soteriologie*, in: Rainer Ebeling; Alfred Maier (Hrsg.), Missionale Theologie, GBFE-Jahrbuch, Marburg 2009, 113–128.

Gäckle, Volker: *Die gegenwärtige und zukünftige basileia in der Verkündigung Jesu*, in: Horst Afflerbach, Rainer Ebeling und Elke Meier (Hrsg.), Reich Gottes – Veränderung – Zukunft. Theologie des Reiches Gottes im Horizont der Eschatologie, Berlin 2014, 11–34.

GOCN (*The Gospel an Our Culture Network*, Hrsg.): *Empirical Indicators of a ‚Missional Church'*, in: The Gospel and Our Culture 10,3 (1998), 5-7.

Grotefeld, Stefan (Hrsg.): *Quellentexte theologischer Ethik. Von der Alten Kirche bis zur Gegenwart*, Stuttgart 2006.

Hardmeier, Roland: *Missionale Soteriologie aus missiologischer Perspektive*, in: http://www.igw.edu/de/aktuelles/Blogbeitraege/thesen-soterologie.php (16.01.2017).

Ders.: Missionale Theologie. Evangelikale auf dem Weg zur Weltverantwortung, Edition IGW 7, Schwarzenfeld 2015.

IGW International (Hrsg.): *Einführung in die missionale Theologie. Zusammenstellung wichtiger Texte (Version April 2012)*, Zürich 2012.

Newbigin, Lesslie: *Die eine Kirche – das eine Evangelium – die eine Welt*, Weltmission heute 11/12, Stuttgart 1959.

Ders.: Sign of the Kingdom, Grand Rapids 1980.

Ökumenischer Rat der Kirchen (Hrsg.): *Vorbereitungspapier Nr. 1: Mission und Evangelisation in Einheit heute*, in: https://www.oikoumene.org/de/resources/documents/other-meetings/mission-and-evangelism/preparatory-paper-01-mission-and-evangelism-in-unity-today (17.01.2017).

Ott, Bernhard: *Schalom – das Projekt Gottes*, Weisenheim am Berg ²2007.

Ders.: Das Ringen um ein ganzheitliches Missionsverständnis. Historische Aspekte und biblische Begründung mit besonderer Berücksichtigung des deutschen Kontexts, in: Andreas Kusch (Hrsg.), Transformierender Glaube. Missiologische Beiträge zu einer transformativen Entwicklungspraxis, Nürnberg 2007, 191–207.

Peyer-Müller, Fritz; *Girgis*, Michael (Hrsg.): *12 Thesen zur missionalen Theologie*, in: http://www.igw.edu/assets/data/Publikationen/Thesen-Soteriologie-D1-web.pdf (17.01.2017).

Peyer-Müller, Fritz; *Girgis*, Michael (Hrsg.): *15 Thesen zur missionalen Ekklesiologie*, in: http://www.igw.edu/assets/data/Publikationen/Thesen-Ekklesiologie-D1-Web.pdf (17.01.2017).

Reppenhagen, Martin: *Auf dem Weg zu einer missionalen Kirche. Die Diskussion um eine „missional church" in den USA*, Neukirchen-Vluyn 2011.

Schuster, Jürgen: *Christian Mission in Eschatological Perspective. Lesslie Newbigin's Contribution*, Nürnberg 2009.

Wenger, Stefan: *Missionale Soterologie [sic!] aus alt- und neutestamentlicher Perspektive*, in: http://www.igw.edu/de/aktuelles/Blogbeitraege/thesen-soterologie.php (16.01.2017).

Yoder, John H.: *Die Politik Jesu – der Weg des Kreuzes*, Maxdorf 1981.

Ders.: Die Politik des Leibes Christi. Als Gemeinde zeichenhaft leben, Schwarzenfeld 2011.

Ders.: The Royal Priesthood. Essays Ecclesiological and Ecumenical, hrsg. v. Michael G. Cartwright. Grand Rapids 1994.

Zeindler, Matthias: *Die Kirche des Kreuzes: John Howard Yoders Ekklesiologie als Modell von Kirchesein in einer pluralistischen Gesellschaft*, in: Hanspeter Jecker (Hrsg.), Jesus folgen in einer pluralistischen Welt. Impulse aus der theologischen Arbeit von John Howard Yoder, Weisenheim am Berg 2001, 63–88.

66

Vom sinkenden Schiff zur geliebten Welt. Das Heilsverständnis in der missionalen Theologie

Roland Hardmeier

1. Geschichtliche Einführung

1.1 Missionstheologische Streiflichter

Seit dem Anbruch des neuen Jahrtausends spricht man im deutschsprachigen Raum von einer missionalen Theologie. Meine Aufgabe ist es, als einer ihrer Vertreter darzustellen, wie in der missionalen Theologie Heil gedacht wird. Dabei spreche ich hauptsächlich für die missionale Theologie evangelikalen Zuschnitts, zum einen weil ich selbst Evangelikaler bin, zum anderen weil ich mich in meinen bisherigen Publikationen mit der missionalen Theologie aus evangelikaler Perspektive befasst habe.[1] *Nach missionaler Auffassung ist Heil seinem Wesen nach Wiederherstellung. Es besteht in der Überwindung der schlimmen Folgen des Sündenfalls und zielt auf die Wiederherstellung alles Geschaffenen.*

 Heil wird hier infralapsarisch verstanden, also von der Wirklichkeit der Sünde her.

Vergleicht man diese Definition mit dem traditionellen evangelikalen Heilsverständnis, werden Unterschiede deutlich: Traditionell ist Heil *Herausrettung* aus der Welt. Es ist eine individuelle Sache, die den Menschen betrifft. Das traditionelle Heilsverständnis und die daraus erwachsene Missionspraxis sind anthropozentrischer Natur. Nach missionaler Lesart ist Heil *Wiederherstellung*, nicht nur des Menschen und seiner Beziehung zu Gott, sondern der Schöpfung als ganzer, einschließlich der gesellschaftlichen Strukturen. In diesem Sinn ist das missionale Heilsverständnis ganzheitlicher Natur.

Der berühmte amerikanische Erweckungsprediger Dwight L. Moody hat vor mehr als hundert Jahren das Bild vom sinkenden Schiff verwendet und damit das evangelikale Heilsverständnis bis in unsere Tage hinein geprägt. Moody sagte sinngemäß: „Die Welt ist ein sinkendes Schiff. Ich bin nicht gerufen, das Schiff zu retten, sondern so viele wie möglich vom Schiff zu

---

[1] Siehe die Trilogie in der Edition IGW: Hardmeier, Kirche ist Mission; ders., Geliebte Welt; ders., Missionale Theologie.

holen, bevor es sinkt."[2] In der missionalen Theologie ist die Welt nicht ein
sinkendes Schiff, sondern Gottes geliebte Welt. Der Missionswissenschaftler und Gemeindegründer Johannes Reimer drückt es so aus: „Es geht Gott
um die Welt, und um seine geliebte Welt zu gewinnen, bedient er sich der
Gemeinde. Sie ist daher Gottes Missionsinstrument und von ihrem Wesen
her missionarisch."[3]

Wenn man sich die jüngere evangelikale Missionsgeschichte vergegen-
wärtigt, wird klar, dass missionales Denken in der evangelikalen Welt
keine Randerscheinung mehr ist. Das zeigt sich am Vergleich zweier großer Missionskongresse:

Am Lausanner Kongress für Weltevangelisation 1974 öffnete sich die
evangelikale Bewegung für die sozialethischen Herausforderungen der Gegenwart.[4] In der aus dem Kongress hervorgegangenen Lausanner Verpflichtung wurde in Artikel 5 sowohl Evangelisation als auch soziale Be-
tätigung zur christlichen Pflicht gerechnet. In den auf Lausanne folgenden
Kongressen und Konsultationen wurde die soziale Aufgabe der Kirche
kontrovers diskutiert. Hierbei standen sich zur Hauptsache der Norden (mit
der Betonung auf Evangelisation als missionarische Hauptaufgabe) und der
Süden (mit dem Versuch, die soziale Aktion in den Missionsauftrag zu integrieren) gegenüber.

Im Dritten Internationalen Weltkongress für Evangelisation in Kapstadt
2010 zeigte sich, dass die Kräfte, die für die Integration der sozialen Verantwortung in den Sendungsauftrag der Kirche optierten, sich weitgehend
durchsetzen konnten. Das wird an der Kapstadt Verpflichtung deutlich, deren zweiter Teil den Titel „Für die Welt, der wir dienen" trägt. Eine solche
Formulierung wäre in Lausanne noch undenkbar gewesen. In der Kapstadt
Verpflichtung ist von „missionalem Engagement" die Rede und davon,
dass Christen nach Gerechtigkeit, Frieden und Fürsorge für Gottes Schöpfung streben sollten.[5]

Der Blick auf Lausanne einerseits und Kapstadt anderseits macht eine
bemerkenswerte Entwicklung deutlich: *Die Evangelikalen haben einen
weiten Weg zurückgelegt von dezidierter Weltverneinung zu aktiver Welt-
gestaltung.* In diesem Zusammenhang wird das Attribut „missional" zwar

---

2 Vgl. Tidball, Reizwort Evangelikal, 217.
3 Reimer, Die Welt umarmen, 140.
4 Den auf Lausanne folgenden missionstheologischen Prozess beschreibe ich ausführlich
   in: Missionale Theologie, 63ff.
5 Kapstadt Verpflichtung, Teil II, Artikel 10.

erst seit rund zehn Jahren verwendet, der Sache nach fand missionales Denken aber schon im Kielwasser von Lausanne 1974 Eingang in die evangelikale Missionstheorie.

Wir missionalen Theologen gebrauchen für die eben skizzierten Umbrüche in Anlehnung an Hans Küng und David Bosch gerne den Begriff des Paradigmenwechsels. Wenn man bedenkt, dass früher mit dem Bibelwort „Habt nicht lieb die

Wie denken Sie über Weltverneinung und Weltliebe? Haben Evangelikale hier Fortschritte gemacht? Oder etwas aus ihrem Erbe wiederentdeckt?

Welt, noch was in der Welt ist" alles über das Verhältnis des Christen zur Welt gesagt schien, und wenn man bedenkt, dass in der missionalen Theologie stattdessen gerne von der „geliebten Welt Gottes" gesprochen wird, der mit dem Evangelium gedient werden soll, ist die Rede von einem Paradigmenwechsel wohl kaum übertrieben. Mitverantwortlich für diesen Paradigmenwechsel ist ein gegenüber der traditionellen evangelikalen Auffassung erweitertes Heilsverständnis, das ich in Teil 2 darstellen werde.

1.2 Geschichtliche Ausgangslage

Wie ist es dazu gekommen, dass sich die evangelikale Missionstheologie im Wandel befindet, so dass heute immer mehr Christen und Kirchen die Gesellschaft mitgestalten wollen? Hier ist es hilfreich, in aller Kürze einen Bogen zu spannen und dem Phänomen der Globalisierung und der Postmoderne Aufmerksamkeit zu schenken.

Das Zeitalter der Entdeckungen hat mit der Ausfahrt des Kolumbus 1492 ein fassbares Ereignis. Es war der Beginn der Ausdehnung der europäischen Zivilisation und bedeutete gleichzeitig die Anfänge der Globalisierung. Bis in jüngste Zeit fiel der Ertrag der Globalisierung in Form von wirtschaftlichen Gewinnen und politischem Machtzuwachs gewöhnlich im Norden an, während das Leid in Form von Ausbeutung von Bodenschätzen und Arbeitskräften im Süden anfiel.[6] Diese Gesetzmäßigkeit hat im 20. Jahrhundert an Gültigkeit verloren: Politische Flüchtlinge und Wirtschaftsemigranten drängen in die Wohlstandsfestung Europa und gefährden den sozialen Frieden. Umweltsünden wie die Abholzung des Regenwaldes gefährden das Klima – auch zum Schaden des Nordens. Wir werden von unserer eigenen Geschichte eingeholt: *Die Geister des Wohlstands, des Konsums und des ungebremsten Wachstums, die Europa im Kielwasser von Kolumbus Ausfahrt in die Welt hinaus sandte, kehren vagabundierend ins*

---

[6]   Fair Future, 13–14.

christliche Abendland zurück. Von einem christlichen Abendland kann eigentlich nur noch sehr bedingt gesprochen werden. Europa ist aus dem Zentrum der Welt vertrieben worden (Entkolonialisierung) und die Kirchen aus dem Zentrum Europas (Säkularisierung). Resultat ist die Postmoderne, die sich durch den Verlust traditioneller Bindung und eine radikale Pluralität auszeichnet. Die Zeiten Moodys, als „die Kirche noch im Dorf" war, sind vorbei. In dieser Erkenntnis, die niemand besser herausgearbeitet hat als der britische Missionstheologe Lesslie Newbigin, wurzelt die missionale Theologie.[7]

In der Frage der Weltverantwortung hat ein Gezeitenwechsel stattgefunden, der sich in der säkularen Gesellschaft vollzog und mit einiger Verzögerung auch in der christlichen Welt. Die Frage der Menschenwürde, der sozialen Gerechtigkeit, der drückenden Armut und der Verantwortung für die Schöpfung sind zu Kardinalfragen der Menschheit geworden. Sie werden zunehmend auch von evangelikalen Christen bedacht. Das Gefühl, „dass etwas getan werden muss", ist zu einem allgemeinen Empfinden geworden. Die sozialen Verwerfungen der Globalisierung, das Siechtum der Volkskirchen und die radikale Pluralität der Postmoderne haben eine grundlegend neue Situation geschaffen. Diesen Umstand in Abrede zu stellen wäre etwa gleich kurzsichtig, wie wenn jemand im 16. Jahrhundert die Reformation als eine Fußnote in der Geschichte bezeichnet hätte. Die Missionale Theologie ist sich dieser Ausgangslage bewusst und möchte die Kirche in diesem kritischen Moment der Geschichte theologisch begleiten, so dass sie ihren Sendungsauftrag im 21. Jahrhundert wahrnehmen kann.

1.3 Theologische Anforderungen

Der kritische Moment der Geschichte, in dem wir uns befinden, hat Auswirkungen auf Kirche und Mission: *Kirche und Mission können im 21. Jahrhundert nicht mehr ohne konkreten Bezug zu den Herausforderungen unseres globalisierten Zeitalters gedacht werden, ohne in die Bedeutungslosigkeit zu versinken oder in eine reaktionäre Haltung zu verfallen.* Ich bin überzeugt, dass gerade ein neues missionarisches und kirchliches Paradigma entsteht, das auf die neue Situation antwortet. Mit diesem Paradigmenwechsel gehen große theologische Herausforderungen einher. Das Gefühl, dass „etwas getan werden muss", reicht nicht aus, um christliches Handeln in der Welt langfristig biblisch zu verankern. Ebenso wenig kann es darum gehen, altbekannte theologische Positionen – so richtig sie sein

---

[7] Siehe Newbigins einflussreiches Büchlein „Den Griechen eine Torheit". Zur Geschichte des Büchleins siehe Hardmeier, Missionale Theologie, 180ff.

mögen – bloß zu wiederholen. Wir brauchen mehr als eine repetitive Theologie, wir brauchen eine unserem Kontext entsprechende Theologie, welche die wichtigen Fragen der Gegenwart aufnimmt und damit zur Bibel geht. Die neue Weltzugewandtheit der Evangelikalen braucht eine solide biblische Begründung, und dazu gehört ein theologisch gründlich reflektiertes Heilsverständnis.

Was muss ein solches Heilsverständnis leisten? Es muss a) einen klaren Bezug zu den Herausforderungen der Gegenwart aufweisen. Ein Heilsverständnis, das sich durch Abgrenzung von der Welt charakterisiert, ist im Zeitalter der Globalisierung mit ihren sozialen Verwerfungen nicht lebenstauglich. Es muss b) konkret und fassbar sein.  Hier werden die Kriterien festgelegt, an denen sich missionale Soteriologie messen lassen will. Ein undeutliches Heilsverständnis, das nach allen Seiten hin formbar ist, wird über kurz oder lang den Interpretationen des Zeitgeistes zum Opfer fallen. Es muss c) biblisch verankert sein. Wenn die missionale Soteriologie theologisch mangelhaft daherkommt, wird sie sich gegen den Generalverdacht, einem Heilsuniversalismus das Wort zu reden, nicht behaupten können. Sie wird vom evangelikalen Mainstream als einen weiteren Versuch, die Gemeinde Jesu liberal zu unterwandern, abgelehnt werden.

2. Heilsdimensionen

Theologie hat immer auch mit unserer Geschichte zu tun. Aus diesem Grund erlaube ich mir, Ihnen einiges über meinen Werdegang zu erzählen, um meine Position besser verständlich zu machen.

Ich bin mit einem „engen" Heilsbegriff aufgewachsen. Erlösung bedeutet „in den Himmel kommen, wenn du stirbst". Als ich anfing, mich mit der Sendung der Kirche in die Welt zu beschäftigen, stellte sich mir die Frage, ob dieses Heilsverständnis ausreichend biblischen Grund hat. Ich stand bald vor einer Weichenstellung: Entweder verwende ich den traditionellen *engeren Heilsbegriff*. Ich rede nur dann von Erlösung, wenn jemand zum Glauben kommt oder wenn es um das ewige Leben geht. Alles andere wäre Diakonie oder soziale Aktion oder soziale Verantwortung. Ich reserviere die Sprache des Heils also für Gottes Wirken. Der Mensch ist, wenn es um das Heil geht, nur Empfangender.

Die Stärke dieses Heilsverständnisses liegt darin, dass es sich gegen alle liberalen Angriffe resistent gezeigt hat. Ich bin dankbar, dass evangelikal gesinnte Kräfte den Kampf gegen den liberalen Heilsuniversalismus geführt haben. Aber dieser Kampf hatte seinen Preis – zumindest in Teilen der evangelikalen Welt: Den Preis, den wir dafür gezahlt haben, ist die biblische Fülle des Heils. Hier liegt die Schwäche der evangelikalen Soteriologie. Wir haben so sehr betont, dass Heil eine persönliche Sache ist, dass sich unser Blick verengt und wir die biblische Heilsbotschaft ihrer Fülle, ihrer Ganzheitlichkeit beraubt haben. Wir haben das in Kauf genommen, sozusagen als Kollateralschaden gegen die Abgrenzung falscher Heilsideologien.

Ich stand also vor der Weichenstellung, entweder den engeren Heilsbegriff zu verwenden, oder den *umfassenderen Heilsbegriff* zu benutzen und mich auf ein ganzheitliches Heilsverständnis einzulassen. Ich habe mich für die zweite Möglichkeit entschieden. Ausschlaggebend war die umfassende Heilssprache der Bibel. Erlösung aus Knechtschaft, Rechtfertigung von Ungerechten, Versöhnung von Feinden, Befreiung der Schöpfung – die biblische Heilssprache ist beeindruckend umfassend. Der Gedanke der Herausrettung aus der Welt ist nicht an sich falsch, aber er greift zu kurz. Er berücksichtigt nicht das Hineinwirken Gottes in alle Dimensionen des Lebens.

Biografische und biblische Gründe für ein ganzheitliches Heilsverständnis.

Ich glaube, dass wir der umfassenden Heilssprache der Heiligen Schrift am besten gerecht werden, wenn wir Heils-Dimensionen voneinander unterscheiden. Diese sind systematisch-theologisch nicht einfach zu fassen, nicht zuletzt darum, weil viele der alttestamentlichen Schriften einen nicht-systematischen Charakter haben und eine Geschichte erzählen wollen. Aus diesem Grund werde ich Heil, gerade wenn wir uns im Alten Testament bewegen, vor allem narrativ erfassen. Obwohl die folgende Möglichkeit nicht die einzige ist, um Dimensionen von Heil voneinander zu unterscheiden, werde ich von einer sozialen, einer soteriologischen und einer kosmischen Dimension von Heil sprechen.

2.1 Die soziale Dimension

Die soziale Dimension von Heil begegnet uns hauptsächlich im Alten Testament und verdichtet sich im Schalom-Begriff, auf den ich aus zeitlichen Gründen nicht eingehen kann.

Das zentrale Heilsereignis des Alten Testaments ist der *Exodus*. Er ermöglicht es uns, Heil narrativ zu erfassen. Der Alttestamentler Christopher Wright hat darauf hingewiesen, dass in Ex 6 zum ersten Mal in der Bibel in einem ausführlichen Zusammenhang die Sprache der Erlösung verwendet wird:[8] „Ich bin Jahwe. Ich führe euch aus dem Frondienst für die Ägypter heraus und *rette* euch aus der Sklaverei. Ich *erlöse* euch mit hoch erhobenem Arm und durch ein gewaltiges Strafgericht über sie" (Ex 6,6).

Das im Exodus gewirkte Heil war eine alle Dimensionen des Lebens umfassende und damit ganzheitliche Sache: *Politisch* wurden die Israeliten von der Unterdrückung durch den Pharao befreit, der seine Macht dazu missbrauchte, das Volk der Hebräer zu vernichten. *Wirtschaftlich* wurden die Israeliten befreit, Sklavenarbeit zu leisten. *Sozial* wurden sie aus einer Situation der Entwürdigung in die Freiheit geführt. *Geistlich* gesehen wurde Israel vom Sklavendienst befreit, um Jahwe anzubeten.

Mit Blick auf die Befreiungstheologie, die den Exodus einseitig als politisches Ereignis deutet, und mit Blick auf die Evangelikalen, welche die politische Dimension des Exodus praktisch völlig vernachlässigen, ist sein umfassend-ganzheitlicher Charakter zu betonen. Der Zweck des Exodus war nicht nur die Befreiung aus der Knechtschaft, sondern auch die Anbetung Jahwes und die Inanspruchnahme für den Dienst an den Völkern. Die Israeliten mussten nicht nur von den Sünden erlöst werden, die an ihnen begangen wurden, sondern auch von ihren eigenen Sünden, was im Passa zum Ausdruck kommt. Wright bezeichnet den Exodus als Gottes umfassende Antwort auf die umfassenden Bedürfnisse Israels:

„Gottes überaus bedeutungsvoller Akt der Befreiung befreite Israel nicht bloß von seiner politischen, wirtschaftlichen und sozialen Unterdrückung und überließ es ihnen dann, wen sie anbeten wollten. Gott schenkte ihnen aber auch nicht geistlichen Trost und Hoffnung auf eine bessere Zukunft irgendwo über dem Himmel und ließ ihre historische Situation unverändert. Nein, der Exodus führte zu wirklicher Veränderung in der realen historischen Situation des Volkes und rief sie zugleich in eine reale neue Beziehung zum lebendigen Gott."[9]

Die ganzheitliche Heilserfahrung Israels lässt sich auf heute übertragen. Das Heil, das wir im Auftrag Gottes anbieten, muss ebenso ganzheitlich sein wie das Heil, das Gott im Exodus wirkte. Dabei dürfen wir nicht in Einseitigkeiten verfallen: Ein politisch umgedeutetes Heilsverständnis, das sich darauf beschränkt, zur Freiheit anzustiften, ohne auf die Bedingung von Gehorsam und Glauben einzugehen, ist eine Verzerrung biblischen Heils. Ein rein geistliches Heilsverständnis, das zum Glauben ruft, die soziale, gesellschaftliche und politische Wirklichkeit aber außer Acht lässt,

8   Wright, The Mission of God, 265ff.
9   Wright, The Mission of God, 271 (eigene Übersetzung).

trägt ein amputiertes Evangelium in die Welt hinaus und verdient das Prädikat „biblisch" ebenfalls nicht.

Biblisches Heil ist umfassend-ganzheitlich. Wenn dem so ist, muss die Sendung der Kirche ebenso umfassend sein. Die Kirche kann sich mit Blick auf den Exodus nicht auf die private Tugendhaftigkeit zurückziehen und sich darauf beschränken, ein individualistisches Evangelium zu predigen. Dies zu tun wäre, wie Newbigin sagte, die Preisgabe des Evangeliums und die Kapitulation vor dem Druck unserer heidnischen Kultur.[10] Wer diesem Satz zustimmt, rüttelt an den Grundfesten des westlich geprägten evangelikalen Selbstverständnisses. Es erstaunt deshalb nicht, dass wir missionalen Theologen von unseren evangelikalen Geschwistern zum Teil mit heftiger Kritik bedacht werden. Die Kirche darf sich nicht darauf beschränken, die individuellen Bedürfnisse ihrer Mitglieder zu bedienen, sie muss ebenso Antworten geben auf aktuelle gesellschaftliche Fragen und Herausforderungen. Beides ist Teil ihres Sendungsauftrags. Ich habe das anderswo so ausgedrückt:

> „Wo das Evangelium des Glaubens an Jesus Christus und der Ruf zum Glauben erklingt, wo Gewalt eingedämmt, soziale Gerechtigkeit geübt, aus Armut und Unterdrückung befreit und Menschen zu Würde verholfen wird – wo solche und ähnliche Dinge zusammen kommen –, da findet biblische Mission statt."[11]

Das alttestamentliche Heilsverständnis wäre unvollständig, wenn wir nicht auch das Jubeljahr berücksichtigen würden. In jedem 50. Jahr mussten Schulden erlassen werden, Sklaven wurden in die Freiheit entlassen und Land ging in den Familienbesitz zurück (Lev 25,8ff). Das Jubeljahr war eine durch und durch ganzheitliche Sache: In *wirtschaftlicher* Hinsicht diente es der Verhinderung permanenter Verarmung. In der vorindustriellen Agrarwirtschaft war Land die entscheidende produktive Ressource. Ohne Land keine Arbeit, kein Einkommen, keine Würde. Wer zum Land seiner Väter zurückkehren konnte, konnte sich aus der Armut befreien. In *sozialer* Hinsicht diente es dem Zusammenhalt der Familie und damit dem Erhalt der Nation. Das Jubeljahr war eine strukturelle Maßnahme, die Großgrundbesitz und mit ihm das Auseinanderdriften der israelitischen Gesellschaft in eine reiche Oberschicht und eine arme Unterschicht hätte verhindern sollen. Rückgrat dieser gerechten Gesellschaft war die Familie.

---

[10] Newbigin, Den Griechen eine Torheit, 118.

[11] Hardmeier, Kirche ist Mission, 162.

In *theologischer* Hinsicht diente das Jubeljahr der Erinnerung an die Souveränität Jahwes. Das Land gehörte nicht den Israeliten, es gehörte Gott. Besitzrechte waren relativ, Eigentum war sozialpflichtig.

Exodus und Jubeljahr sind zwei Seiten derselben Medaille: Während der Exodus ein Akt der Befreiung war, entspricht das Jubeljahr Gottes Gedanken von Wiederherstellung:[12] Der Exodus war ein Hineinwirken Gottes in den Verlauf der Geschichte, um Freiheit zu ermöglichen, das Jubeljahr Gottes Hineinwirken in das soziale Gefüge, um diese Freiheit zu sichern. Nimmt man Exodus und Jubeljahr zusammen, wird deutlich: Heil ist sowohl Gottes Sache (Gott wirkte den Exodus) als auch Sache des Menschen (Israel musste das Jubeljahr einhalten und Wege finden, es weise auszugestalten). Heil ist eine geistliche Sache (das zeigt das Passa), und es ist eine strukturelle Sache (das Jubeljahr ermöglichte es, eine solidarische Gesellschaft zu errichten). Dass die solidarische Gesellschaft über weite Strecken Utopie blieb, ändert nichts an der Tatsache, dass das Heil, das Gott stiftete, ganzheitlicher Natur war und eine starke sozial ethische Komponente enthielt, die tief in das wirtschaftliche Leben einschnitt und es von Gott her zu transformieren suchte.

Es genügt meiner Auffassung nach nicht, in Bezug auf das Jubeljahr und andere Gesetze, die eine lebensdienliche Wirtschaftsordnung ermöglichten, von sozialer Verantwortung zu sprechen. Die Gesetze der Thora sind Erlösungs-Ordnungen. Durch den Exodus war Israel ein erlöstes Volk. Das von Gott gestiftete Heil musste durch gerechte soziale Strukturen ausgestaltet werden. Wir können das als soziale Heilsdimension bezeichnen, obwohl der Begriff etwas vereinfachend ist.

Die soziale Dimension des Heils findet sich auch im Neuen Testament. Der Mann mit der verdorrten Hand wurde „erlöst", wenn man das wörtlich übersetzt (Lk 17,19; Mk 3,4ff).[13] Dem Haus des Zachäus wurde „das Heil geschenkt" (Lk 19,10). Es beinhaltete eine neue Beziehung zu Gott durch den Glauben an Jesus als den Messias Israels und erlöste Beziehungen, die sich darin äußerten, dass Zachäus Wiedergutmachung leistete. Paulus schreibt in Röm 14,17, dass das Reich Gottes nicht in Fragen des Essens und des Trinkens besteht, sondern Gerechtigkeit, Friede und Freude im Heiligen Geist ist. Ronald Sider bemerkt dazu: „An dieser Stelle bedeuten Gerechtigkeit und Frieden das Heilsein der Beziehungen innerhalb der christlichen Gemeinde. Ihre Glieder leben als Teilhaber an der angebrochenen Herrschaft Jesu und erfreuen sich so des Friedens, des Heilseins und

---

12 Wright, The Mission of God, 290.
13 Griech. *sozo* (retten, erlösen).

einer echten sozialen Befreiung."[14] Hier könnte man gesondert von einer ekklesiologischen Heils-Dimension sprechen.

2.2 Die soteriologische Dimension

Im Zentrum des Neuen Testaments steht die soteriologische Dimension von Heil. Ich werde diese Dimension kürzer behandeln, weil ich in der evangelikalen Tradition stehe, die das soteriologische Heil gründlich bedacht hat und weil ich diese Dimension von Herzen bejahe.

Paulus fasst soteriologisches Heil in 1Kor 15,3 im Satz zusammen: „Christus ist für unsere Sünden gestorben gemäß der Schrift." Die Wendung „für unsere Sünden" interpretiert den Tod Jesu als stellvertretenden Sühnetod. Gott lud die Strafe für unsere Sünden auf seinen Sohn. Jesus starb für unsere Sünden, damit die Schuld, die uns von Gott trennt, weggenommen werden kann.

Die soteriologische Dimension des Heils lässt sich exemplarisch an den Begriffen Versöhnung und Rechtfertigung aufzeigen. Sie betrifft unsere Vergangenheit, unsere Gegenwart und unsere Zukunft.

Zur Versöhnung: Wir wurden mit Gott versöhnt, als wir uns mit dem Ausmaß unserer Schuld konfrontieren ließen und Gott unsere Sünden bekannten (der Aspekt der Vergangenheit). Wir dürfen die Gewissheit haben, dass Gott auf unserer Seite ist und Freundschaft mit ihm pflegen (der Aspekt der Gegenwart). Wenn Gott alles das für uns plante, als wir noch seine Feinde waren, dann werden wir im Gericht erst recht bestehen, jetzt wo wir mit ihm versöhnt sind (der Aspekt der Zukunft) (1Joh 1,9; Eph 1,7; Röm 5,8–11; 8,31–39).

Zur Rechtfertigung: Rechtfertigung bedeutet, dass wir von unserer Sünde und Ungerechtigkeit freigesprochen sind (der Aspekt der Vergangenheit), dass wir nun Heilige und Gerechte sind, weil Gott uns die Gerechtigkeit seines Sohnes anrechnet (der Aspekt der Gegenwart) und dass wir am Jüngsten Tag nicht mehr verurteilt werden, weil das Urteil über unsere Sünden bereits an Jesus vollstreckt wurde (der Aspekt der Zukunft) (Eph 1,7; Jak 5,16; 1Kor 6,11; Röm 5,9; 8,1).

In der jüngeren evangelikalen Missionsgeschichte sind immer wieder Befürchtungen laut geworden, die soteriologische Dimension von Heil könnte durch die Rede von Heilsdimensionen ihrer zentralen Bedeutung beraubt werden und in einen Heilsliberalismus münden, wie das in der ökumenischen Missionstheologie der 1960er und 70er Jahre der Fall war.

---

[14] Sider, *Denn sie tun nicht, was sie wissen*, 93.

Die ersten Evangelikalen, die von Heilsdimensionen sprachen, waren die sogenannten „radikalen Evangelikalen".[15] Sie brachten in Lausanne eine Sondererklärung ein, in welcher von Heilsdimensionen die Rede war.[16] Die radikalen Evangelikalen waren Vordenker und Wegbereiter der missionalen Theologie evangelikaler Prägung. Einer der Radikalen der ersten Stunde, der Argentinier René Padilla, wandte sich schon früh gegen die Vorstellung, ein ganzheitliches Heilsverständnis führe zu einem Heilsuniversalismus. In seinem stark beachteten Plenumsreferat in Lausanne sagte er:

Andere kritisieren, dass die Heilsgemeinschaft des Menschen mit Gott ihre zentrale und regulierende Stellung einbüßt, wenn sie eine Dimension neben anderen ist.

„Auf der einen Seite kann das Evangelium nicht auf soziale, wirtschaftliche und politische Kategorien reduziert werden, noch die Kirche zu einer Agentur für den menschlichen Fortschritt. Noch weniger kann man das Evangelium mit einer politischen Ideologie vermengen oder die Kirche zu einer politischen Partei werden. Als Christen sind wir zum Zeugnis für den transzendenten, jenseitigen Christus aufgerufen, durch dessen Werk wir Vergebung der Sünden und Versöhnung mit Gott erlangt haben. Wir glauben an das menschliche Bedürfnis, von neuem geboren zu werden durch eine persönliche Begegnung mit Gott in Jesus Christus, durch das Wirken des Heiligen Geistes, durch die Verkündigung des Wortes Gottes. Und wir behaupten, dass nichts die geistliche Erneuerung durch die Schaffung neuer Menschen ersetzen kann. Das ist biblische Soteriologie, und wir sind völlig an sie gebunden."[17]

Padillas Position ist ein gutes Beispiel dafür, dass man ganzheitlich denken und dabei genuin evangelikal bleiben kann. Es geht nicht um Wort *oder* Tat, sondern um Wort *und* Tat. Missionale Theologen möchten beides zu einer ganzheitlichen Sendungstheologie verbinden.

2.3 Die kosmische Dimension

Heil hat schließlich auch eine kosmische Dimension. Hier möchte ich auf meine eingangs gemachte Feststellung zurückkommen, wonach Heil in der Überwindung des Sündenfalls besteht und auf die Wiederherstellung alles Geschaffenen zielt.

---

15 Geschichte und Theologie der radikalen Evangelikalen habe ich in meiner Dissertation mit dem Titel „Das ganze Evangelium für eine heilsbedürftige Welt: Zur Missionstheologie der radikalen Evangelikalen" ausführlich dargestellt.

16 Zum vollständigen Text der Sondererklärung siehe Hardmeier, Kirche ist Mission, 200.

17 Padilla, Evangelisation und die Welt, 190–191.

Der Begriff „Sündenfall" erscheint in der Bibel nicht. Vielleicht wäre es treffender, von einem „Verlust" zu sprechen. Der Sündenfall bedeutete einen immensen Verlust, der alle Dimensionen des Lebens betrifft: a) Der Mensch verlor seine Unschuld. Er wurde seinem Wesen nach ein Sünder und als Sünder ein Feind Gottes. b) Die ungetrübte Beziehung zum Schöpfer ging verloren. Adam versteckte sich nach dem Sündenfall aus Angst und Scham. c) Die intakten Beziehungen unter den Menschen gingen verloren. Das zeigt sich in der Auseinandersetzung zwischen Adam und Eva und im Brudermord Kains. Als Folge davon entstanden von der Sünde befallene Strukturen. d) Der Sündenfall bedeutete den Verlust einer intakten Umwelt. Mit dem Geschöpf fiel die Schöpfung, so dass der Mensch jetzt im Schweiße seines Angesichts sein Brot essen muss. e) Nicht zuletzt bedeutete der Sündenfall den Verlust der Ehre Gottes, die das Ziel der ganzen Schöpfung ist. Zwischen Sündenfall und Heil besteht ein enger Zusammenhang. *Wenn Gott um das Wohl seiner Schöpfung besorgt ist, dann muss Heil so umfassend sein wie die Wirkung des Sündenfalls, und dann ist alles, was dazu beiträgt, den immensen Verlust des Sündenfalls zu überwinden, als Heilsereignis zu betrachten.*

Es ist die Aufgabe der Kirche, das Heil in Jesus Christus zu verkündigen und Zeichen des Heils in der Welt aufzurichten. Eines dieser Zeichen sollte darin bestehen, dass die Kirche an ihrem Umgang mit der Schöpfung zeigt, dass sie den Schöpfer kennt. Hier stehen wir noch ganz am Anfang. Die Aufgabe steht noch vor uns, eine biblische fundierte Theologie der Ökologie zu entwickeln, und diese mit unserem Sendungsverständnis in Verbindung zu bringen.[18] Wenn die Welt ein sinkendes Schiff wäre, wäre das verlorene Liebesmüh, ja verschwendete Zeit, die man besser in Evangelisation investierte. Aber die Welt ist kein sinkendes Schiff! Sie ist die Widerspiegelung der Herrlichkeit Gottes (Ps 19,1ff), das Eigentum von Jesus Christus (Ps 2), Gottes geliebte Welt (Joh 3,16).

Dass Heil seinem Wesen nach Wiederherstellung ist, zeigt sich in Röm 8,18ff, einem der bedeutsamsten eschatologischen Texte des Neuen Testaments. Während Stellen wie 2Petr 3,10–12 schwierig zu deuten sind, ist Röm 8,18ff in seinen Aussagen eindeutig und damit geeignet, um die kosmische Dimension von Heil zu untersuchen. Die Kernaussage besteht darin, dass die Schöpfung „von der Sklaverei und Verlorenheit befreit werden" soll, „zur Freiheit und Herrlichkeit der Kinder Gottes" (Röm 8,21). Paulus spricht hier klar den Gedanken der Kontinuität zwischen der alten und der neuen Schöpfung aus. Er spricht nicht von der Vernichtung der

---

[18] Für erste solche Versuche siehe Gnanakan, God's World, oder auch Sautter; Volf, Die Oxford-Erklärung.

Erde, sondern von der Befreiung der Schöpfung. Auffallendstes Merkmal des Textes ist der enge Zusammenhang zwischen Sündenfall und Erlösung. Nach dem Zeugnis des Apostels sind Geschöpf und Schöpfung in Sündenfall und Erlösung aufs Engste miteinander verbunden. Mit dem Geschöpf fiel auch die Schöpfung und wurde erlösungsbedürftig. Umgekehrt wird mit der Verherrlichung der Kinder Gottes die Schöpfung aus ihrer Knechtschaft „befreit". Das ist Heilssprache. Sie erlaubt es uns von einer kosmischen Dimension von Heil zu sprechen und in diese Dimension die materielle Schöpfung einzubeziehen.[19]

Ganz am Ende der Heiligen Schrift wird uns ein eindrückliches Bild der Wiederherstellung vor Augen gemalt. In Apk 21–22 sind die schlimmen Folgen des Sündenfalls überwunden, der ursprünglich gute Zustand ist wiederhergestellt, ja übertroffen. Der Mensch ist von der Sünde befreit, er erfreut sich der ungetrübten Beziehung zu Gott, und er findet seinen rechten Platz in der Gemeinschaft der Anbetenden. Aus dem Garten des Anfangs ist eine blühende Stadt geworden. Und die Mitte dieser Stadt ist Gott selbst, der das Heil nicht nur gibt, sondern das Heil ist.

3. Der Weg in die Zukunft

3.1 Kein Heilsuniversalismus

Die Rede von verschiedenen Dimensionen von Heil ist nicht mit einem Heilsuniversalismus gleichzusetzen. Von einem ganzheitlichen Heilsverständnis zu reden, bedeutet eben auch von der soteriologischen Dimension des Heils zu reden. In den 12 Thesen zur missionalen Soteriologie des Instituts für Gemeindebau und Weltmission klingt das so: „Das herausragende Merkmal des biblischen Heilsbegriffs ist seine Ganzheitlichkeit. Er umfasst eine persönliche (Gottesbeziehung), eine soziale (Freiheit, Wohlergehen, Gerechtigkeit) und eine kosmische (die ganze Schöpfung umfassende) Dimension. Dabei schließt das persönliche Heil die soziale Dimension nicht aus; genauso wenig ersetzen die soziale und die kosmische Dimension das persönliche Heil."[20]

---

[19] Ausführlicher in Hardmeier, Zukunft. Hoffnung. Bibel, 504ff.
[20] IGW, 12 Thesen zur missionalen Soteriologie, These 6.

Uns missionalen Theologen haftet der Verdacht an, einem Heilsuniversalismus das Wort zu reden. Das weckt Befürchtungen. Wenn die missionale Theologie weiterhin durch unsere theologischen Institutionen und Gemeinden marschiert, werden wir in zwanzig oder dreißig Jahren noch das Evangelium verkündigen? Wird soziale Tätigkeit die Evangelisation überflüssig machen? Werden wir noch vom Kreuz reden? Ich möchte mit einem Vergleich zwischen der Situation der Urkirche und unserer postmodernen Zeit antworten:

Heilsuniversalismus meint hier nicht Allversöhnung, sondern dass das Heil auf alle mögliche Weise zustande kommt, auch ohne den Glauben an Jesus Christus und sein Heilswerk.

Die Urkirche hat Jesus als den Gekreuzigten verkündigt. Paulus sagt, dass das Kreuz kostbar ist und dass sich darin Gottes Weisheit offenbart (1Kor 1,18ff). Für Römer und Griechen war das Kreuz nicht Weisheit, sondern Schande. Es war ein Hinrichtungsinstrument, das in der Vorstellung gebildeter Leute mit guten Menschen oder den Göttern nichts zu tun hatte. Die Urkirche aber ließ sich nicht beirren. Sie verkündete, dass Gott selbst sich am Kreuz in Liebe für uns hingibt und uns unsere Sünden vergibt. Kein Grieche, kein Römer, kein Jude wäre auf den Gedanken gekommen, einem Gekreuzigten nachzulaufen. Dass ein Gekreuzigter der Heiland der Welt ist, machte für niemanden Sinn. Kein vernünftiger Mensch wäre auf die Idee gekommen, mit dieser Botschaft in die Welt hinauszuziehen. Die Chancen damit Erfolg zu haben, hätte jeder, der das religiöse Gefüge der antiken Welt auch nur ein wenig kannte, auf null pro Mille einschätzen müssen.

Es war dieses anstoßerregende Evangelium, das die Welt veränderte! Zu diesem Evangelium stehen wir missionalen Theologen! Das Evangelium in der Sprache von Schuld und Sühne zu vermitteln, ist nicht erst in der Postmoderne schwierig geworden, das war es auch in der pluralistischen Welt der Griechen und Römer, so sehr, dass Paulus sagen konnte, dass das Kreuz ein Ärgernis und eine Torheit ist (1Kor 1,23). Dennoch hat sich die Urkirche geweigert, dieses anstößige Element aus ihrer Botschaft zu entfernen. Damit ist uns der Weg gewiesen, den wir zu gehen haben.

3.2 Die Aufgabe vor uns

Was werden wir in Zukunft also tun? Hier sind drei Gedanken, die gleichzeitig Wünsche sind:

Wir werden weiterhin das Evangelium verkündigen. Wir werden zum Glauben rufen, denn der Glaube kommt durch die Predigt. Hier trägt uns die Überzeugung, dass die soteriologische Dimension die Hauptdimension des erlösenden Handeln Gottes Alten und Neuen Testaments ist. Sie ist den anderen Dimensionen vorgeordnet, weil das Kreuz die Mitte des Heilshandelns Gottes ist. Die wichtigste Aufgabe der Kirche ist deshalb die Verkündigung des Evangeliums vom Reich Gottes und seinem gekreuzigten König Jesus (Mt 28,18–20).

Wir werden das Evangelium nicht nur verkündigen, sondern es auch leben und eine sichtbare Demonstration des Heils sein. Die soziale Dimension des Heils muss in der Koinonia der Heiligen sichtbar werden. Nur auf diese Weise kann unser Zeugnis glaubwürdig sein (Joh 13,34–35; 17,21ff).

Wir werden uns für eine bessere Welt einsetzen, weil unsere Hoffnung auf den wiederkommenden Herrn nicht ruhig, sondern mit Blick auf eine leidende Welt unruhig macht. Niemand hat das besser ausgedrückt als Jürgen Moltmann: „Wer auf Christus hofft, kann sich nicht mehr abfinden mit der gegebenen Wirklichkeit, sondern beginnt an ihr zu leiden, ihr zu widersprechen. Frieden mit Gott bedeutet Unfrieden mit der Welt, denn der Stachel der verheißenen Zukunft wühlt unerbittlich im Fleisch jeder unerfüllten Gegenwart."[21]

Bibliographie

Bosch, David J.: *Mission im Wandel. Paradigmenwechsel in der Missionstheologie*, hrsg. v. Martin Reppenhagen, Gießen 2012.

Das Manifest von Manila 1989. Die Schlusserklärung des Zweiten Internationalen Missionskongresses des Lausanner Komitees für Weltevangelisation vom 11. bis 20. Juli 1989 in Manila. idea-dokumentation Nr. 18/89.

Fair Future. Begrenzte Ressourcen und globale Gerechtigkeit, hrsg. v. Wuppertaler Institut für Klima, Umwelt und Energie, München 2005.

Gnanakan, Ken: *God's World. A Theology of the Environment.* London 1999.

Hardmeier, Roland: *Zukunft. Hoffnung. Bibel. Endzeitmodelle im biblischen Vergleich*, Oerlinghausen 2007.

Hardmeier, Roland: *Das ganze Evangelium für eine heilsbedürftige Welt. Zur Missionstheologie der radikalen Evangelikalen*, Dissertation, Universität von Südafrika 2008.

Hardmeier, Roland: *Kirche ist Mission. Auf dem Weg zu einem ganzheitlichen Missionsverständnis*, Edition IGW 2, Schwarzenfeld 2009.

Hardmeier, Roland: *Geliebte Welt. Auf dem Weg zu einem neuen missionarischen Paradigma*, Edition IGW 4, Schwarzenfeld 2012.

---

[21] Moltmann, Theologie der Hoffnung, 16–17.

Hardmeier, Roland: *Preisgabe des Evangeliums? Eschatologie als Prüfstein missionaler Theologie*, in: Horst Afflerbach; Rainer Ebeling; Elke Meier (Hrsg.), Reich Gottes – Veränderung – Zukunft. Theologie des Reiches Gottes im Horizont der Eschatologie, GBFE Jahrbuch, Berlin 2014, 147–172.

Hardmeier, Roland: *Missionale Theologie. Evangelikale auf dem Weg zur Weltverantwortung*, Edition IGW 7, Schwarzenfeld 2015.

IGW International (Hrsg.): *12 Thesen zur missionalen Theologie*, Zürich 2009.

Kapstadt Verpflichtung 2010. Erklärung des Dritten Internationalen Kongresses für Weltevangelisation vom 16. bis 25. Oktober 2010 in Kapstadt. www.lausanne.org.

Moltmann, Jürgen: *Theologie der Hoffnung. Untersuchungen zur Begründung und zu den Konsequenzen einer christlichen Eschatologie*, Gütersloh 1964.

Newbigin, Lesslie: *„Den Griechen eine Torheit". Das Evangelium und unsere westliche Kultur*, Neukirchen-Vluyn 1989.

Padilla, René: *Evangelisation und die Welt*, in: Peter Beyerhaus u.a. (Hrsg.), Alle Welt soll sein Wort hören. Lausanner Kongress für Weltevangelisation, Bd. 1, Stuttgart 1974, 147–194.

Reimer, Johannes: *Die Welt umarmen. Theologie des gesellschaftsrelevanten Gemeindebaus*, Marburg 2009.

Ders.: Gott in der Welt feiern. Auf dem Weg zum missionalen Gottesdienst, Edition IGW 3, Schwarzenfeld 2010.

Sautter, Hermann; *Volf*, Miroslav (Hrsg.): *Gerechtigkeit, Geist und Schöpfung. Die Oxford-Erklärung zur Frage von Glaube und Wirtschaft*, Wuppertal; Zürich 1992.

Sider, Ronald: *Denn sie tun nicht, was sie wissen. Die schwierige Kunst, kein halber Christ zu sein*, Moers 1995.

Tidball, Derek J.: *Reizwort Evangelikal: Entwicklung einer Frömmigkeitsbewegung*, Stuttgart 1999.

Wright, Christopher J. H.: *The Mission of God. Unlocking the Bible's Grand Narrative*, Downers Grove 2006.

Vom Sündenbock zum Teilgeber am göttlichen Leben. Christus im Zentrum eines biblisch-trinitarischen Heilsverständnisses

Andreas Loos

1. „Heil" – gut, dass wir darüber reden, aber was und wie?

Dass die Diskussionen über Heilsverständnisse in missionalen Theologien vielleicht nicht immer heilsam sind – zugegeben und schmerzlich empfunden. Dass es kaum ein wichtigeres und schöneres Thema gibt als Gottes Heil für eine heillose Welt – mit Roland Hardmeier erlebt und theologisch praktiziert. Man kann sich nur drüber freuen, wenn wir gemeinsam, wieder neu und für unser Heute fragen: Was ist Heil? Denn der Begriff ist vernebelt. Zwar hält er wieder Einzug ins Vokabular der neuen Spiritualität, aber gesellschaftlich ist er kaum brauchbar. Das zeigt sich nur schon daran, dass viele Menschen meiner Heimat bei „Heil" erst mal beschämt an „den Führer" denken, den man mit diesem Wort grüßte.

1.1 Vom „ganzheitlichen Heil" reden

Missionale Theologie arbeitet an einer zeitgemäßen Füllung des Heilsbegriffs. Gut so! Im Mittelpunkt steht dabei die sogenannte *Ganzheitlichkeit des Heils*. „Biblisches Heil ist ganzheitlich"[1], und Hardmeier sieht darin gar einen Paradigmenwechsel evangelikaler Theologie insgesamt:

> Der in unserer Untersuchung beobachtete Wandel des evangelikalen Sendungsverständnisses ist ein Wandel zur Ganzheitlichkeit. Die Evangelikalen haben sich aufgemacht, der ganzen Welt das ganze Evangelium zu bringen.[2]

„Ganzheitliches Heil" ist ein komischer Begriff. Denn in der Verbindung mit dem lat. *salus* und dem griech. *holos* meint das deutsche Wort *heil* so viel wie Ganzsein, Ganzheit, Unversehrtheit, Gesundheit und Wohlbefinden des Lebens. Warum verdoppelt man nun den Ganzheitsaspekt des Heils begrifflich? Missionale Theologie will unter diesem Programmbe-

---

[1] Hardmeier, Geliebte Welt, 119; ähnlich bei Faix; Weißenborn, Transformation als Aspekt der Soteriologie, 113–120.

[2] Hardmeier, Missionale Theologie, 211 (Hervorhebung im Original); vgl. ders., Geliebte Welt, 41.

griff die soteriologische Enge der sogenannten traditionellen Evangelikalen durchstoßen und entgrenzen. Die vorgebrachte Kritik lässt sich grob so zusammenfassen: Es ist zu wenig, Heil nur *soteriologisch* zu verstehen als die Errettung menschlicher Seelen aus einer todgeweihten Welt durch die Vergebung der Sünden aufgrund des Kreuzestodes Jesu Christi. Hardmeier kann das recht scharf ausdrücken und lässt die traditionelle Sicht sagen,

> ... dass Heil soteriologisch verstanden werden muss und eine persönliche Sache ist. Das Kreuz ist Gottes Antwort auf das Problem der Sünde [,] und Heil besteht im Zuspruch der Vergebung der Sünden aufgrund der am Kreuz geleisteten Sühne Christi. Heil ist nach traditioneller evangelikaler Auffassung die gnädige Rechtfertigung des Sünders – nicht weniger, aber auch nicht mehr.[3]

Die Beiträge zu einer missionalen Soteriologie sind folgerichtig davon geprägt, die „facettenreiche Heilssprache" der Bibel in eine „radikale Rede vom umfassenden Heil"[4] zu gießen. Aus diesem Grund fügt Hardmeier der *soteriologischen* Dimension des Heils die *soziologische* und *kosmische* Dimension hinzu.[5]

1.2 Vom „ganzheitlichen Heil" oder „ganzheitlich vom Heil" reden?

Ich frage noch mal nach: Ist das denn wirklich ein ganzheitlicher Heilsbegriff, den missionale Theologie entfaltet? Etwas Ganzes zeichnet sich ja wesentlich durch komplexe, innere Strukturen, Prozesse und Wechselwirkungen seiner Bestandteile aus. Man muss nur an den Menschen als Ganzen denken, um sofort zu ahnen: Das Zusammenspiel all dessen, was zum Menschsein gehört, geht derart tief, dass wir es kaum umfassend beschreiben können. Wer „ganzheitlich" sagt, der spricht daher zugleich von etwas, das letztlich unverfügbar, unerklärbar und im besten Sinne geheimnishaft bleibt. Das ist auch beim Heil der Fall, vor allem, wenn es um das Heil *Gottes* für seine Schöpfung geht.

---

[3] Hardmeier, Geliebte Welt, 91. Man müsste – leider geht das hier nicht – diese Kritik unbedingt prüfen. In der vorliegenden Form wird sie evangelikaler Theologie nicht gerecht. Sie trifft – wenn überhaupt – nur eine *Vulgärform* evangelikalen Heilsverständnisses, die sich auszeichnet durch eine platonische Abwertung alles Leiblichen, Konkreten und der Welt. Heil wird hier einseitig individualistisch, spiritualistisch und transzendentalistisch aufgefasst. Dass Hardmeier (und andere missionale Theologen?) eine derartige Sichtweise mühsam überwinden musste, ist verständlich. Dass dieses biografische Moment nicht zu einer Überreaktion führen darf, wenn andere aus guten Gründen die Transzendenz des Heils und die Heilswirkung im individuellen Personenzentrum des Menschen betonen, sollte auch klar sein.

[4] A.a.O., 119.

[5] A.a.O., 95–105, 301–303.

Biblisch gesehen stehen wir vor einer Fülle von Bildern und Metaphern, mit denen die unterschiedlichen Autoren beschreiben und theologisch deuten, was Gottes *Heilsabsichten* sind, wie er sein *Heilshandeln* vollzieht, welche *Heilswirklichkeit* er ermöglicht und schafft. *Dieses biblische Zeugnis lässt sich nicht auf eine Begrifflichkeit reduzieren.* Und das, was in der Bibel geschieht, setzt sich in der Geschichte der christlichen Soteriologie fort: Auf dem Hintergrund der vorfindlichen geistigen, gesellschaftlichen, politischen und weltanschaulichen Lage gibt die jeweilige Soteriologie einer bestimmten Begrifflichkeit oder Metaphorik erkenntnis- und aussageleitenden Vorzug. Als traditionelle Grundbegriffe der Soteriologie gelten etwa Erlösung, Befreiung, Versöhnung, Rechtschaffung, Vergöttlichung, Begnadung, Genugtuung und Erwählung.[6]

Keine Soteriologie kann daher beanspruchen, das „ganzheitliche Heil" *darzustellen.* Ob eine Soteriologie ganzheitlich ist, zeigt sich vornehmlich daran, wie sie ihre Entscheidung für einen soteriologischen Grundbegriff bedenkt und begründet. Dies kann nicht nur von den Unheilserfahrungen und Heilserwartungen der Gegenwartskultur her geschehen, also *synchron.* Genauso gilt es zu fragen, für welches der biblischen Leitmotive man sich warum entscheidet, und welche man mehr oder weniger unberücksichtigt lässt. Zu beachten ist dabei, was solche Verschiebungen und Variationen für das Zusammenspiel der unterschiedlichen Grundaspekte des einen Heils bedeuten. Hilfreich ist ein Blick in die dogmengeschichtliche Entwicklung der Heilslehre, also *diachron.* Hier kann man sehen, ob ein systematischer Ansatz dazu neigt, unentbehrliche Aspekte des biblischen Heilsverständnisses auszuschließen oder ob er sie immer wieder neu zu integrieren vermag.[7]

So wie ich evangelikal-missionale Soteriologie verstehe, erhebt sie mit „ganzheitlichem Heil" keinen *Vollständigkeitsanspruch*, sondern versteht sich als ein *Versuch, ganzheitlich über Heil zu reden.* Das meint, ein vielschichtiges und komplexes Phänomen so umfassend und umsichtig wie möglich im Gespräch mit anderen soteriologischen Ansätzen zu erfassen. Wenn dem so ist, darf man missionale Theologie daran messen, zumal sie der evangelikalen Bewegung vorhält, „sich nur widerwillig – wenn überhaupt – mit ihr fremden Heilsbegriffen auseinandergesetzt"[8] zu haben. Ob

---

6 Einen ersten Überblick ermöglichen Seils, Art. Heil und Erlösung, 37; Greshake, Heilsverständnis heute; ders., Der Wandel der Erlösungsvorstellungen.

7 Siehe dazu auch Seils, Art. Heil und Erlösung, 624; Greshake, Heilsverständnis heute, 41–44.

8 Hardmeier, Geliebte Welt, 105.

missionale Soteriologie sich ihrerseits eingehend mit anderen soteriologischen Ansätzen beschäftigt, wird sich zeigen. Eines fällt mir aber auf: Zwar werden die missionstheologischen Diskussionen des 20. Jh. hinsichtlich des Verhältnisses von Evangelisation und sozialer Verantwortung verarbeitet. Bei der Begründung des eigenen Heilsverständnisses setzt man dann aber bei der Fülle biblischer Grundbegriffe und Metaphern an und überträgt biblische Erlösungs- und Befreiungserfahrungen in die heutige Zeit. Geschieht das nicht zu direkt und unreflektiert? Geht man da nicht an den guten und schlechten Erfahrungen vorüber, die unterschiedliche Heilslehren gemacht haben, wenn sie sich von einer bestimmten soteriologischen Basiskategorie leiten ließen? Ohne drum herum zu reden: Ich bin erstaunt darüber, dass die *dogmatische Arbeit* am Heilsbegriff ziemlich vernachlässigt wird. Damit will ich als Dogmatiker keine Ansprüche geltend machen. Im Gegenteil, ich frage auch selbstkritisch: Blendet man die dogmatische Soteriologie vielleicht aus, weil sie sich als nicht besonders missionstauglich erwiesen hat? Kurz und gut: Ich sehe auf missionaler und auf dogmatischer Seite gute Gründe dafür, erhellende dogmatische Aspekte stärker in den Diskurs einfließen zu lassen.

1.3 Reden wir noch theologisch vom Heil?

Das Kernanliegen missionaler Soteriologie ist auch meins. Es durchzieht die ganze Bibel und Theologiegeschichte und wurde auf katholischer Seite in den 1980er Jahren treffend zugespitzt:

> Wie ist heute in unserer Zeit und angesichts unserer geistigen, gesellschaftlichen, politischen Situation die Botschaft vom erlösten und heilen Menschen zu verstehen und auszulegen, dass sie sowohl dem biblischen Zeugnis als auch dem gegenwärtigen Kairos gerecht wird? Wie und wo erfährt der Mensch heute anfängliches Heil, Beglückung und Freude, so dass solche Erfahrungen Analogie und Verstehensansatz dafür abgeben, von Gottes Heil und von der durch Gott geschenkten letzten Vollendung menschlichen Lebens zu sprechen?[9]

Missionale Theologie sucht die Lösung dieser Aufgabe darin, vom Heil als einer wirkungsvollen und dynamischen Wirklichkeit zu reden, die der Mensch in seiner Lebenswelt konkret erleben und an deren Ausbreitung er aktiv mitwirken kann. Leitend ist dabei die Grundkonzeption von *Erlösung als Befreiung*.[10] Heil ist der Prozess, durch den Gott die Menschen und die

---

9 Greshake, Heilsverständnis heute, 18.
10 Hardmeier, Geliebte Welt, 301.

ganze Schöpfung von dem freimacht, was die Ganzheit, das Wohl, die Gesundheit und Integrität des Lebens zerstört hat. Heil ist die umfassende Wiederherstellung von Lebensbedingungen wie Frieden und Gerechtigkeit, die alle Geschöpfe – besonders den Menschen – freisetzt, wahres Menschsein zu finden und zu leben, sich frei zu entfalten, ein erfüllendes, gelingendes und glückliches Leben zu verwirklichen.

Auch das ist nicht neu. Letztlich vollzieht missionale Soteriologie hier jenen Wandel mit, der in der Tat so etwas wie ein *soteriologischer Paradigmenwechsel* gewesen ist. Was ist damit gemeint? Grob gesagt, erlebt und bedenkt der *prämoderne* Mensch seine Erfahrungen von Heil und Unheil im Rahmen seiner Gottesbezogenheit. „Unheil wurde primär und vor allem in der Verfehlung gegen Gott oder als Zurückbleiben hinter der wahren Bestimmung des Menschen (Leben mit Gott) gesehen."[11] Für den *modernen* Menschen ist dieser theonome Bezugsrahmen mindestens fraglich geworden. Heil und Unheil verlieren dadurch ihren Gottesbezug, werden rein innerweltlich (säkularistisch) erlebt, reflektiert bewältigt und verwirklicht. Unter neuzeitlichen Bedingungen steht die Theologie daher unter folgendem Zugzwang, wenn sie verständlich und gesellschaftsrelevant reden will: *Heil ist aufgrund moderner, weltimmanenter Kriterien wie unmittelbarer Erfahrbarkeit, leibhaftiger Konkretheit, dynamischer Geschichtlichkeit und demonstrierbarer Veränderungskraft zu beschreiben.* So kommt es im Zuge eines modernen Selbst- und Weltverständnisses zu einem „grundlegenden Wechsel der erkenntnisleitenden soteriologischen Metaphorik ... Der ,Erlösungs'-Begriff ist weithin in den Vordergrund getreten. Man bemüht sich, unter diesem Begriff das Christusheil sowohl als erlösende Befreiung als auch als erlösende Freiheitsermöglichung zu interpretieren und auszudenken."[12] Es geschieht aber mehr als lediglich die Bevorzugung eines soteriologischen Grundbegriffs. Unter dem Stichwort „*Erlösung als Befreiung*" werden nun *alle* Heilsbegriffe nach modernen Kriterien interpretiert. Damit verschärft sich eine Spannung, die dem christlichen Heilsverständnis zutiefst eigen ist, zu einer Zerreißprobe: Heil ist zu entfalten im Hinblick auf die Wirklichkeit Gottes *und* die Wirklichkeit dieser Welt.[13]

Nun haben Vertreter evangelikal-missionaler Theologie die missionstheologischen Tendenzen des 20. Jahrhunderts vor Augen, unter Absehung

---

[11] Greshake, Heilsverständnis heute, 26.
[12] Seils, Art. Heil und Erlösung, 634.
[13] Präzise Formulierungen finden sich bei Ebeling, Das Verständnis von Heil in säkularisierter Zeit, 354–355. Das Auseinanderdriften dieser beiden Dimensionen des Heils skizziert Greshake, Heilsverständnis heute, 26–41; ders., Glück oder Heil?, 159–206.

Gottes und seines Heilswerkes in Christus vom Heil zu sprechen. Demgegenüber macht Hardmeier unmissverständlich klar: Kreuz und Auferstehung sind und bleiben die zentrale Mitte missionaler Soteriologie.[14] Zugleich stellt er dieser sogenannten soteriologischen Dimension die auf
diese Welt bezogenen Dimensionen des Heils – die soziale und kosmische
– an die Seite: „Jede dieser Dimensionen ist unerlässlich für biblisch ver-
standenes Heil. Sie schließen sich nicht gegenseitig aus, sondern ergänzen
einander zur Fülle des biblischen Heils."[15]

Ich meine, wir müssten darüber reden, ob eine derartige Zuordnung von
Theozentrik (Gemeinschaft des Menschen mit Gott als vertikale, soteriologische Heilsdimension) und *Kosmozentrik* (Erfahrungen von Heil in dieser
Welt als horizontale Heilsdimension) ausreichend ist. Es kommt mir vor,
als ob „Ganzheitlichkeit" wie ein Container fungiere, in dem missionale
Theologie all das sammelt, was biblisch gesehen irgendwie zum Heil dazu
gehört. In diesem Verfahren kann Heil einigermaßen *quantitativ* erfasst
werden. Aber eine *qualitative* und damit ganzheitliche Erfassung wird
schwierig. Der Grund dafür: Alle Heilsaspekte
stehen gleichrangig und sich gegenseitig (sym-
metrisch) ergänzend auf einer Ebene. Das sollen
sie scheinbar auch, denn nur dann können innerweltliche Erfahrungen von Freiheit, Gerechtigkeit, Versöhnung, Friede, Wohlergehen usw. als
Heil bezeichnet werden. Man spricht in dieser
gleichrangigen Fülle dann zwar noch von der
„Einheit des biblischen Heils", aber die wird kaum weiter erörtert, und
zwar mit dem Hinweis auf die „innere Spannung des biblischen Heilsbegriffs, der sich nicht eindimensional auflösen lässt".[16]

Die Grundanliegen
missionaler Soteriolo-
gie werden geteilt,
ihre Vorgehensweise
wird kritisiert.

Dass sich die Wirklichkeit des Heils nicht auf eine Begrifflichkeit reduzieren lässt, ist selbstverständlich. Wer aber daraus die Gleichrangigkeit
aller soteriologischen Grundbegriffe, aller Heilsaspekte und -dimensionen
ableitet, ist kaum noch in der Lage, deren komplexes Zusammenspiel wahr-
zunehmen. Auf den Punkt gebracht: Missionale Soteriologie macht nicht
wirklich ernst damit, dass Gott selbst und seine Gemeinschaft mit den Menschen Heil erst schafft, möglich macht und auch zum Ziel bringt. Denn

---

14 So schon bei Hardmeier, Geliebte Welt, 41; 131–133; 301–304 und noch deutlicher in:
    Missionale Theologie, 222–223. Bestätigt wird dies auch von Gäckle, einem der profi-
    liertesten Kritiker missionaler Theologie, in: Die transformatorische Theologie, 67.
15 Hardmeier, Geliebte Welt, 302–303.
16 Faix; Weißenborn, Transformation als Aspekt der Soteriologie, 116.

diese Asymmetrie würde für die Theorie vom Heil bedeuten, dass der theozentrische Aspekt für die Erkenntnis der kosmozentrischen Aspekte des Heils begründende, klärende und auch kritisch-regulierende Funktion haben muss. Weil dem nicht so ist, kommt es mir wie ein noch nicht eingelöstes Versprechen vor, wenn versichert wird, Gott und die Gemeinschaft mit ihm (theologisch-soteriologische Dimension) stünden im Zentrum missionaler Soteriologie. Wie dieses Versprechen eingehalten werden könnte, versuche ich im Folgenden an ausgewählten Punkten zu zeigen.

2. Heil: christozentrisch – theologisch – theodramatisch

2.1 Mehr als ein Sündenbock: Annäherung mit Adolf Schlatter

Zwei Jahre vor seinem Tod veröffentlicht Adolf Schlatter einen Aufsatz mit dem Titel: „Ist Jesus ein Sündenbock?" Er wendet sich darin gegen die Auffassung, ein Sündenbock sei jemand, auf den man das eigene Unrecht und die eigene Schuld bequem abwälzen kann, einer „der uns helfen soll, dass wir ohne Schaden sündigen". Christi Sterben darf nicht reduziert werden auf die Beseitigung der Sünde. Vielmehr verwirklicht Gott so das Heil der Welt in einer umfassenden Weise: „Nun ist er wirklich unser Heiland geworden, dem wir es verdanken, dass wir an dem, was unwahr und unrecht in uns ist, nicht verderben, sondern mit Freuden Gottes Willen tun."[17]

Es lohnt sich, diesem großen Lehrer der Kirche noch ein wenig länger zuzuhören. In seiner Dogmatik deutet Schlatter an, dass das Handeln Gottes in Christus nicht einfach nur Reaktion auf die Sünde des Menschen ist (infralapsarisch). Unabhängig vom Ereignis des Sündenfalls (supralapsarisch) gibt es eine alles tragende Absicht, die Gottes Handeln motiviert:

> Nicht erst der Blick auf die menschliche Sünde erzeugt die Frage nach dem Christus, nach dem Schöpfer der religiösen Gemeinde, so dass uns der Christus nur deshalb unentbehrlich wäre, weil wir Sünder sind. Gewiss ist, dass das Böse uns des Christus bedürftig macht, weil wir das göttliche Vergeben nur dadurch wahrnehmen können, dass uns der gegeben ist, der uns mit Gott versöhnt. Ebenso ist gewiss, dass das Werk Jesu in seinem ganzen Verlauf durch die Sündhaftigkeit des Menschen bestimmt wird. Ohne die menschliche Verschuldung gäbe es keinen gekreuzigten Christus. Dennoch ist der Tatbestand nicht vollständig beschrieben, wenn sein Amt nur auf die Sünde bezogen wird und nur zu ihrer Überwindung bestimmt sein soll. Denn auch hier entsteht der negative Vorgang erst aus dem positiven. Das aus der Sünde entspringende Bedürfnis hat dasjenige Bedürfnis über sich,

---

[17]   Schlatter, Ist Jesus ein Sündenbock?, 14.

das aus unserer positiven Bestimmung entsteht, daraus, dass wir eine Gemeinde werden sollen, deren Grund die gemeinsame Gewissheit Gottes und deren Tätigkeit der gemeinsame Dienst Gottes ist. Der, der uns zu jener Verbundenheit mit Gott führt, durch die wir in ihm miteinander vereinigt sind, ist der König der religiösen Gemeinschaft, und da sie universal ist und die Einheit Gottes die Einigung der Menschheit begründet, ist dieser König der universale Herrscher und sein Amt von den Begrenzungen durch Ort und Zeit frei.[18]

Mit dem Hinweis auf die „positive Bestimmung" des Menschen hat Schlatter – wie schon viele andere – eine Spur gelegt, die ich jetzt systematisch verfolge. Sie führt zum theozentrischen und letztlich christozentrischen Ankerpunkt des Heils.

2.2 Die Christusdynamik der Schöpfung

Ich wähle einen Ansatzpunkt, der evangelikal-missionaler Theologie entsprechen dürfte, weil sie etwas anzufangen weiß mit der Dreieinigkeit Gottes: Jesus Christus, der nach biblischem Zeugnis der ewige Sohn des himmlischen Vaters ist. In solch einer „hohen Christologie" hat das Schriftzeugnis von der universalen Schöpfungsmittlerschaft Christi starkes Gewicht:

Er ist das Ebenbild des unsichtbaren Gottes, der Erstgeborene vor aller Schöpfung. Denn in ihm ist alles geschaffen, was im Himmel und auf Erden ist, das Sichtbare und das Unsichtbare, es seien Throne oder Herrschaften oder Mächte oder Gewalten; es ist alles durch ihn und zu ihm geschaffen. Und er ist vor allem, und es besteht alles in ihm (Kol 1,15–17).

Was bedeutet es, dass Christus der Ursprung („alles durch ihn") und das Ziel („zu ihm") der Schöpfung ist? In der Aussage über die Gottebenbildlichkeit liegt der entscheidende Hinweis. Der ewige Sohn des Vaters ist der „Abglanz seiner Herrlichkeit und das Ebenbild seines Wesens" (Hebr 1,2–3). Im ewig geliebten und erwählten Sohn des Vaters sind auch die Menschen vor der Erschaffung der Welt geliebt, erwählt und bestimmt zur Gotteskindschaft (Eph 1,3–6). Diese geheimnisvolle Nähe zwischen dem ewigen Kind Gottes und den Menschenkindern findet im Schöpfungsakt ihren ersten, konkreten Ausdruck: Die Menschen sind erschaffen im Bild des Sohnes Gottes (Gen 1,26–27). Schon der erste Akt Gottes gegenüber den Menschen ist also vermittelt durch den Sohn. Und dies gilt für alle folgenden Akte bis zum Ziel: Der Mensch ist dazu bestimmt, verwandelt zu werden in das vollkommene Bild des Sohnes Gottes (Röm 8,29; 1Kor 15,49;

---

[18] Schlatter, Das christliche Dogma, 80–81.

2Kor 3,18; Kol 3,10). Was dies für unser Verständnis von Heil bedeutet, wird gleich deutlich werden. Im Augenblick gilt es festzuhalten:

- Das Handeln Gottes in dieser Welt und am Menschen entspringt aus der ewigen Gemeinschaft von Vater und Sohn im Heiligen Geist (die Rolle des Heiligen Geistes muss an dieser Stelle nicht erörtert werden). Von Anfang an bis  zur Vollendung – unabhängig vom Ereignis des Sündenfalls – ist die Gemeinschaft zwischen Gott und Mensch vermittelt durch den Sohn.

Christus ist der Mittler des Heils auch unabhängig von der Sünde.

- Welche Gestalt diese Mittlerschaft ohne den Einbruch der Sünde angenommen hätte, lässt sich kaum bestimmen. Es leuchtet aber ein, warum der Sohn – und nicht der Vater oder der Heilige Geist – Mensch geworden ist, um so die zerstörte Gemeinschaft von Mensch und Gott zu heilen.
- Das Leben der Geschöpfe – insbesondere der Menschen – ist gekennzeichnet durch eine Christusdynamik, die mit der Schöpfung beginnt und auf eschatologische Vollendung zielt. Colin Gunton hat dieses „in", „durch" und „zu" Christus" treffend als „the initial christological and eschatological thrust of creation" bezeichnet.[19]

2.3 Trinitarische Facetten des Heils

Die eben eingeführten Schriftaussagen lassen sich dogmatisch nicht nur für ein supralapsarisches Verständnis der Heilsmittlerschaft Jesu Christi heranziehen, sondern auch für eine vertiefte Erfassung dessen, was Heil ist. Alles Leben hat seinen Ursprung, seine Mitte und seine Vollendung im Sohn als dem ewigen Bild, das der Vater im ewigen Geist der Liebe bei sich hat. Was Leben in völliger Ganzheit und Integrität meint, lernen wir also letztlich anhand des trinitarischen Lebens des Sohnes Gottes. Nun schauen wir ja nicht in die Trinität, sondern haben die Offenbarung des drei-einen Wesens Gottes im menschgewordenen Sohn, Jesus Christus. Durch ihn gibt Gott uns ein wahres Bild von sich selbst, weil Jesus als ewiger Sohn den Vater in der Kraft des Geistes gegenüber den Menschen repräsentiert (vgl. Joh 1,1–18; 10,30; 14,9). Zugleich ist er aber auch der wahre Mensch und repräsentiert als solcher die Menschheit und alle Geschöpfe vor Gott (Kol 3,10f.; Eph 4,24). So wird der Zusammenhang zwischen Menschsein und Gotteskindschaft noch einmal deutlicher: *Die Fülle*

---

[19]   Gunton, Christ and Creation, 94.

des Lebens (Heil) hat und entfaltet der Mensch innerhalb einer Gemein-
schaft mit Gott, die der Gemeinschaft des ewigen Sohnes mit dem Vater im
Geist der Gotteskindschaft ähnelt.

Es wäre jetzt nötig, die Gemeinschaft zwischen Jesus, dem Sohn, und
Gott, dem Vater, in der Kraft des Geistes ausführlich unter die Lupe zu
nehmen. Ich muss und kann mich hier darauf beschränken, dass das Neue
Testament diese Gemeinschaft als Liebe qualifiziert. Aus der Sicht des
Sohnes heißt Gottessohnschaft, das eigene Leben – was ich bin (Sein) und
tue (Aktion) – vom Vater im Geist der Liebe zu empfangen und es ihm im
selben Geist wieder zurück zu schenken (Lk 10,21–22; Joh 3,35; 5,20.26;
10,17–18; 17,4–5; Hebr 9,14). Jesus macht in seinem großen Gebet nun
zwei Aspekte dieser Liebe deutlich, die für meine Argumentation grundlegend sind:

-   Die Liebe zwischen Vater und Sohn im Geist ist nicht beschränkt auf
    das irdische Leben Jesu, sondern bestimmt das Leben Gottes von
    Ewigkeit her (Joh 17,5.24). Daraus zieht Johannes die Konsequenz:
    Gott ist Liebe (1Joh 4,8.16).
-   Die ewige Liebe von Vater und Sohn im Geist ist dieselbe Liebe, mit
    der Gott die Menschen liebt: Vom Vater her, durch den Sohn und im
    Geist. Diese Liebe bestimmt dann auch die Gemeinschaft der Men-
    schen untereinander (Joh 17,23.26; Röm 5,5; 8,14–117; Gal 4,6; 1Joh
    4,7–21).

Hier noch mal meine Spur: Was ist Heil? Was ist Leben in vollendeter
Fülle, Ganzheit, Glückseligkeit und Potentialität? In der Antwort darauf
nehme ich Maß bei dem, in dem die Fülle des göttlichen und auch des
menschlichen Lebens verwirklicht und geschenkt ist (Joh 10,10; Kol 1,19;
2,9–10). Ich lasse mich von ihm verweisen auf die drei-eine Liebe Gottes
als Quelle und Ziel seines Lebens und Glücks. Entlang dieser Linien ergibt
sich nun Folgendes:

2.3.1 Gott selbst ist das Heil

Die Bibel bezeichnet Gott selbst als das Heil (z.B. Ex 15,2; Ps 27,1.9; Jes
12,2). Was das wirklich heißt, können menschliche Worte nur so hilflos
ausdrücken wie hier: In einer für uns nicht zu fassenden, alles geschöpfliche Leben übersteigenden (transzendenten) Weise ist der drei-eine Gott
ewiges Leben in vollkommener Fülle und Ganzheit, in ungetrübter Seligkeit und überfließendem Glück, in vollendeter Identität mit sich selbst und
in grenzenloser Verwirklichung seiner unerschöpflichen Möglichkeiten.

2.3.2 Gottes Heil ist eine personale Wirklichkeit

Gottes Leben und Heil sind nicht ein unlebendiger, statischer Zustand, sondern vollziehen sich in ewiger Gemeinschaft der Liebe zwischen Vater, Sohn und Heiligem Geist. *Gottes Heil ist ein Beziehungsgeschehen* ohne Anfang und Ende, in dessen Zentrum die Liebe steht. Alle drei Personen empfangen voneinander und schenken einander die Fülle göttlichen Lebens. Diese Gemeinschaft (*communio*) und Mitteilung (*communicatio*) der Liebe ist derart vollkommen, dass keine der drei Personen ohne die anderen sein kann und will. Sie durchdringen und durchwohnen einander so sehr, dass sie nicht als drei voneinander unabhängige Götter leben, sondern in vollkommener, in sich lebendiger Einheit Gottes. Die dogmatische Tradition hat diese ewige Dynamik und Ekstatik in Gott als *perichorese* bezeichnet und spricht von innergöttlichen Hervorgängen (*processiones*), durch die der Sohn ewig gezeugt und der Geist ewig gehaucht wird.

2.3.3 Menschliches Heil ist die personale Gemeinschaft der Liebe mit dem
    drei-einigen Gott

So wie in Gott, so ist Heil auch für den Menschen ein Beziehungsgeschehen. „Im eigentlichen Sinn ist die Gemeinschaft mit Gott, der 'Bund', die Beziehung der Liebe, das angezielte und alles umfassende Heilsgut."[20] Heil ist, bei Gott zu sein (z.B. Ps 62,8; Hab 3,18; Apk 7,10). Etwas moderner ausgedrückt: Das Glück des Lebens ist es, bei Gott, dem wahren und unfassbaren Glück in Person zu sein (z.B. Ps 16,2; 73,28; 144,15). Leben und Heil sind Gaben Gottes, in denen er sich selbst, sein dreieiniges Leben und Lieben mit den Menschen teilt und ihnen mitteilt.

> Heil ist darum nicht ein von Gott verschiedener Zustand menschlicher Befindlichkeit. Heil im universalen Sinn ist vielmehr Gott selbst, insofern er im kreatürlichen Selbstvollzug des Menschen als Urheber und Ziel des Lebens (in der Gemeinschaft der trinitarischen Liebe) präsent ist. Heil bezeichnet die personale Relation zwischen Gott und den Menschen. Um diese Mitte herum vollzieht sich auch die Neuordnung des kreatürlichen Daseins, des geschichtlich-dramatischen Schauplatzes der Heilserfahrung.[21]

2.3.4 Heil beginnt mit der Schöpfung

Die Erschaffung der Welt ist der erste Akt, durch den Gott sein ewiges, inner-trinitarisches Leben und Heil (*processio ad intra*) öffnet und nach außen, an jemand anderen verschenkt (*processio ad extra*). Dies wird besonders deutlich darin, dass der Mensch nach dem Ebenbild des Sohnes

---

20 Greshake, Epiphanie in Geschichte, 213; ähnlich in ders., Glück oder Heil?, 165.
21 Müller, Katholische Dogmatik, 373; vgl. Neuer, Heil in allen Weltreligionen, 213–218.

geschaffen ist: Gott entscheidet sich in freier Liebe, die Menschen an der Kindschaft des ewigen Sohnes gegenüber dem Vater im Heiligen Geist zu beteiligen. Gott geht ekstatisch über sich selbst hinaus zu den Menschen.[22] Er will sie sein Leben und seine Liebe mitvollziehen zu lassen, und zwar nicht nur gegenüber sich selbst, sondern auch gegenüber allen Mitkreaturen. Das Heil des Menschen ist daher von Anfang an, ja, von Ewigkeit her – nicht erst seit dem Sündenfall! – an den Sohn (und an die Gabe des Heiligen Geistes) gebunden und hat in ihm seine Mitte (Apg 4,12).

2.4 Heil und Geschichte (supralapsarisch)

Wer jetzt tiefer nachdenkt darüber, dass Heil einen Anfang und eine Vollendung hat, kommt auf eine simple aber schwierige Frage: Warum hat Gott den Menschen und seine Welt nicht direkt so geschaffen, wie sie in der Vollendung sein sollen? Mir scheint eine Antwort auf diese Frage entlang der begonnenen Linien möglich: Wenn der dreieinige Gott und seine Liebe, wenn der menschliche Mitvollzug dieser Liebe gegenüber (in) Gott und allen Mitkreaturen die Mitte des Heils bilden, dann erklärt dies auch, warum der Anfang des Heils (Schöpfung) noch nicht das Ziel (Vollendung) sein kann. Denn die Liebe kann die Gemeinschaft mit dem oder der Geliebten nicht als einen vollendeten Zustand erschaffen. Sie würde sich damit selbst verleugnen. Sie würde über ihr Gegenüber lieblos verfügen. *Die Verwirklichung der Liebe Gottes mit den Geschöpfen (nach außen) geschieht, weil es ein und dieselbe Liebe ist, in Analogie, in Treue zur ewigen Verwirklichung der ungeschaffenen trinitarischen Liebe Gottes (nach innen),* und das meint: *in Freiheit.* „Indem Gott uns Menschen erschafft als die, denen er sich von Ewigkeit her im Sohn in Liebe zugewandt hat, um sie in Liebe mit sich zu verbinden, räumt Gott uns Menschen den Raum kreatürlicher Freiheit ein, in dem wir sein kreatürliches Gegenüber sein dürfen.“[23]

Gott steht im wahrsten Sinne zu sich selbst, wenn er mit dem Anfang und nicht mit dem Ziel des Heils beginnt. Er erschafft die Menschen im Ebenbild des Sohnes, und das ist sehr gut. Und Teil dieses „sehr gut“ ist die von Gott geschenkte Freiheit zur Gegenliebe, das Potenzial zur heilvollen Entfaltung des Lebens in der Gemeinschaft der Liebe zu Gott und den anderen Geschöpfen. Göttliches Ziel dieses Prozesses ist es, verwandelt zu werden in das vollkommene Ebenbild des geliebten und liebenden Sohnes.

---

22 Ich habe versucht zu zeigen, dass diese trinitarische Ekstatik der Liebe Gottes in besonderer Weise das Werk des Heiligen Geistes ist. Siehe dazu Loos, Verheißungsvolle und beunruhigende Trinitätslehre, besonders 83–86.

23 Brunner, Die Freiheit des Menschen in Gottes Heilsgeschichte, 111.

Die altkirchliche Theologie hat dies seit Ignatius v. Antiochien und
Irenaeus v. Lyon als Vergöttlichung (*theosis*) des Menschen verstanden.
Gemeint ist dabei nicht eine Verwandlung des Menschen in Gott, sondern
die ewige, durch nichts mehr zu trübende oder zu gefährdende Teilhabe an
Gottes Leben (2Petr 1,4; 1Joh 3,1–2). „Endgültiges Heil bedeutet für den
Menschen: Eingehen in Leben, Liebe und Gemeinschaft des dreipersönli-
chen Gottes, der Schöpfung und Geschichte ins Werk gesetzt hat, um sich
darin dem Geschöpf mitzuteilen und es in die Gemeinschaft mit sich aufzunehmen."[24] Wiederum ein paar Folgerungen:

2.4.1 Heil hat Zeit und ereignet sich als Geschichte
Der Grund für das, was wir Heilsgeschichte nennen, liegt nicht im Sündenfall des Menschen, sondern im Wesen des Heils, wie Gott es in der Freiheit
seiner Liebe schenken und verwirklichen will. Ich kenne keine bessere Begründung dafür, dass alles geschöpfliche Leben zeitlich beschaffen ist, als
die zeitvolle und geduldige Liebe Gottes (1Kor 13,4–13). Wenn sie Anfang, erfüllende Mitte und Vollendung menschlichen Lebens ist, dann ist
ersichtlich, warum Gott die Zeit erschafft und sie den Menschen schenkt.
Er befähigt und ermächtigt seine geschaffenen Ebenbilder dadurch, seine
Liebe zu empfangen, anzueignen, mitzuvollziehen und zurück zu schenken. Die Gemeinschaft der Liebe, des Lebens und des Heils braucht Zeit.

> Die Kreatur trägt auf Grund ihrer Erschaffung als Kennzeichen ihrer letzten
> Bestimmung das Heilszeichen an der Stirn. Die Erschaffung im Anfang ist
> die Eröffnung einer Geschichte zwischen Gott und Kreatur, die durch und
> durch Geschichte der Verwirklichung des von Gott in Ewigkeit gewollten
> seligen Lebens der Kreatur, also Heilsgeschichte ist. Gott will die Seligkeit
> seines eigenen innergöttlichen Lebens nicht für sich allein haben. In grund-
> loser Liebe will er Kreaturen haben, die an seinem Leben in den Grenzen
> ihrer Kreatürlichkeit Anteil haben sollen, darum in Gemeinschaft mit ihm
> stehen sollen und in solcher Anteilhabe und Gemeinschaft selig sein sollen,
> indem sie seine gottheitliche Glorie empfangen und wie im Spiegel auf ihn
> zurückstrahlen lassen.[25]

Man kann also Heil und Zeit unmöglich voneinander trennen. *Zeit ist selbst
eine Heilsgabe Gottes, Zeit ist Heilsmodus. Heil ist als personale Gemeinschaft der Liebe mit Gott und den Kreaturen ohne Geschichte nicht wirklich und auch nicht denkbar.*

---

[24] Greshake, Epiphanie in Geschichte, 222.
[25] Brunner, Gott, das Nichts und die Kreatur, 36.

2.4.2 Heil ist noch mehr als es gegenwärtig schon ist

Mit dem Satz „Heil braucht Zeit" ist noch zu wenig gesagt. Das könnte ja so verstanden werden, als wäre das Leben der Geschöpfe am Anfang defizitär, als wäre die Zeit ein notwendiges Übel zur Vervollständigung des Heils. Stattdessen gilt: Das Heil *ist* da, der Mensch *ist* Gottes Ebenbild, die Schöpfung *ist* sehr gut. Aber dies ist kein *statischer* Zustand. Gerade aus der Fülle von Leben und Heil in der Heilsgemeinschaft mit dem dreieinen Gott ergibt sich jene Dynamik, die auf die Vollendung des Lebens „in Christus" zielt. Durch ihn und „im Geist" kommen die Geschöpfe im dreieinigen Gott endgültig und endlos zum Ziel (1Kor 15,28).

Wie denken Sie über Heil und Potentialität? Wird hier die Wirklichkeit der Sünde unterschätzt? Wie hängen „schon jetzt", „noch nicht" und „noch mehr" zusammen?

Wenn Gott also den Anfang und die Vollendung des Heils aus den eben dargelegten Gründen auseinanderhält, dann heißt dies auch: *Heil ist immer offen für ein „noch mehr" der Zukunft, weil Gott selbst uns entgegenkommt.* Heil ist „schon jetzt" da, und zugleich wird es „noch mehr" sein. Dies gilt auch, wenn Gott heute Heil schafft. Es ist unvollendet, aber das heißt nicht, dass es mangelhaft oder defizitär wäre. Es ist geschenkt für noch mehr, ausgestattet mit Zeit und Potential, vollendete Wirklichkeit zu werden. Dieses Potential ist nichts anderes als Gott selbst, der in seiner Heilsgabe gegenwärtig bleibt. Das Musterbeispiel dafür ist der Heilige Geist, in dem Gott sich selbst schenkt und liebevoll Wohnung nimmt im Herzen der Menschen (Joh 14,23; 17,21; Röm 5,5; 8,9–17; 1Kor 3,16; 12,13; 2Tim 1,14; 1Joh 4,11–16; Jak 4,5). Die Fülle dieses Heils ist derart überbordend, dass der Anfang noch lange nicht die Vollendung ist. Ja, diese Fülle entfaltet sich – zum Glück für den Menschen – maßvoll und zeitvoll (Joh 16,12–13; Röm 12,3; 1Kor 12,11; Eph 4,7). Deshalb bezeichnet das Neue Testament die Gabe aller Gaben auch als Angeld, Anzahlung und Unterpfand (2Kor 1,21.22; 5,5; Eph 1,14). Johannes kann die Dynamik des Geistes der Gotteskindschaft so zusammenfassen (1Joh 3,2): „Meine Lieben, wir sind schon Gottes Kinder; es ist aber noch nicht offenbar geworden, was wir sein werden. Wir wissen aber: wenn es offenbar wird, werden wir ihm gleich sein; denn wir werden ihn sehen, wie er ist."

Heil ist daher eine unfassbare Gabe Gottes, die am Ende ihrer Geschichte noch einmal alles übersteigt (transzendiert), was wir bis dahin an Heil und Leben erfahren und uns vorgestellt haben. Und noch einmal: Der Grund für dieses „schon jetzt" und „noch mehr" liegt im Heil Gottes selbst, nicht in einem Mangel an Heil und auch nicht in der heilszerstörenden Macht der Sünde. Von der muss nun aber unbedingt die Rede sein.

2.5 Heil und Dramatik (infralapsarisch)

Wenn die Liebe und das Leben des dreieinigen Gottes Ursprung und Vollendung des Heils sind, wenn die Heilsgemeinschaft mit Gott die freiheitliche Gegenliebe des Menschen einschließt, dann ist damit die *Möglichkeit* gegeben, dass der Mensch die Liebe verweigert und Gott sowie den Mitkreaturen widersteht. Die biblische Sündenfallerzählung berichtet von der Verwirklichung dieser Möglichkeit. *Damit wird die Heilsgeschichte zu einer Unheilsgeschichte. Die Verwirklichung des Heils ist nur noch durch Erlösung möglich.* Es ist also verständlich, wenn beide Begriffe – Heil und Erlösung – traditionell nicht voneinander zu trennen sind.

Für unser heutiges Verständnis von Heil ist es nun wichtig, dass wir genau hinsehen, auf welche Weise Gott erlösend handelt und so die Realisierung des vollendeten Heils wieder möglich macht. Ein grundlegender Aspekt des Heilshandelns Gottes wird dabei in der gegenwärtigen Diskussion so gut wie nicht beachtet: *Die Verwirklichung des Heils spitzt sich dramatisch zu, und zwar so, dass Gott selbst davon betroffen ist. Auf dem Höhepunkt steigt der Autor gewissermaßen selbst ins Drama ein, weil es nicht mehr von außen, sondern nur noch von innen heraus erlöst werden kann. Damit wird das Drama zwischen Mensch und Gott zu einem Drama in Gott selbst.* In groben Zügen lässt sich diese Zuspitzung so skizzieren:

2.5.1 Heil ist nur durch die erneute Öffnung des dreieinigen Gottes möglich
Nachdem der Mensch sich selbst und die Gabe des Lebens vom Geber getrennt hat, verliert er mit dem Geber auch die Gabe: das Leben in seiner Integrität und Ganzheit, das Glück und Wohlergehen, den Frieden, die Ruhe, den Wohnort, die Freiheit, die Zukunft. Gott reagiert auf diesen Heilsverlust, indem er sich, sein Leben und Heil erneut für seine Geschöpfe öffnet. War die erste Öffnung nach außen (*processio ad extra*) die Erschaffung der Welt aus der trinitarischen Liebe, so kann man die erneute Öffnung Gottes als erlösende Sendung (*missio*) kennzeichnen. Gott sendet Erlösung (Ps 111,9). Und sein Ziel ist es, den Menschen als Heiland und Erlöser gegenwärtig zu sein (Jes 49,26). Konkret handelt es sich hier um eine Fülle von Sendungen: Gott sendet durch Boten wie Engel und Menschen sein Wort, Wahrheit, Güte, Treue, aber auch konkrete Güter zum Leben und Gericht über lebensverderbende Umstände, Kreaturen und Menschen.[26] Sachlich kann man in diesem Erlösungshandeln unterscheiden zwischen *Heilsmitteln*, durch die Gott *Erfahrungen und Prozesse von Heil* initiiert und die sich in entsprechenden *Heilsgütern* und *Heilszustän-*

---

[26] Einen ersten Einblick in das biblische Zeugnis bietet Schirrmacher, Missio Dei, 24–48.

den manifestieren, aber auch in *Heilsbedingungen*, durch welche das endgültige, eschatologische *Heilsziel* wieder realisierbar wird. Eine eindeutige zeitliche Zuordnung ist meist nicht möglich, aber auch an dieser Stelle nicht nötig. Entscheidend ist die qualitative Zuordnung: *Alle Erfahrungen, Manifestationen, Güter, Zustände und Bedingungen von Heil ruhen auf einem Fundament, das sie möglich macht, trägt und ausrichtet auf ein Ziel, an dem Heil eine unzerstörbare und vollendete Wirklichkeit sein wird –* ***Gott und die Gemeinschaft der Liebe mit ihm.*** Dies wird deutlich an den unterschiedlichen *Heilsbegriffen*, die auch in der missionalen Soteriologie eine zentrale Stellung einnehmen. Eine Auswahl mag genügen:

- Die *Befreiung aus dem Sklavenhaus Ägypten* (Exodus) gründet in der *Liebe* und gnädigen *Auserwählung* Israels zum Heil für alle Völker und soll zu einem bleibenden Bund zwischen Gott und seinem Volk führen.
- Durch die Gabe der Stiftshütte und des Tempels ist Gott in seinem Volk bleibend gegenwärtig und kommt inmitten seines Volkes zur Ruhe und bringt es so zur Ruhe.
- In der Gabe des Sühnekultes will Gott die Menschen mit sich und miteinander versöhnen.
- Die Gabe des Gesetzes zielt auf die Aufrichtung gerechter und menschenwürdiger Lebensverhältnisse mit Gott, miteinander und mit den außermenschlichen Kreaturen.
- Die Gabe *des Sabbats und des Landes* ermöglichen das gemeinsame *Wohnen* und *Ruhen* des Volkes mit Gott in dieser Welt in *Frieden, Freiheit* und *Wohlergehen*.

2.5.2 Heil bleibt nur noch auf Kosten Gottes offen und möglich
Es ist ein Drama, dass sich alle diese Wege, Mittel, Gaben und Erfahrungen des Heils als letztlich nicht zielführend erweisen. Und das nicht deshalb, weil das so von Gott gewollt und geplant wäre, als hätte Gott es mit diesen Heilswegen nie wirklich ernst gemeint. Und auch nicht deshalb, weil die Heilsgaben Gottes irgendwie defizitär wären. *Vielmehr macht Gott die schmerzliche Erfahrung: Das Böse hat sich derart im Herzen der Menschen verwurzelt, dass das Unheil mit den ergriffenen, innerweltlich vermittelten Maßnahmen nicht zu überwinden ist. Der sündige Mensch trennt die Erfahrungen, Güter und Mittel des Heils von ihrem Geber. Ja mehr noch, er verwendet sie sogar zur sündigen Selbstbehauptung gegenüber Gott.* Man könnte dies an der Befreiung aus Ägypten genauso demonstrieren wie an der Gabe des Tempels, des Landes, des Sühnekultus und des Sabbats. Als Beispiel mag hier die gute Gabe des Gesetzes genügen. Die

Unfähigkeit und Kraftlosigkeit des Gesetzes kommt durch die Sünde der Menschen. Paulus macht das klar, wenn er sagt (Röm 8,3–4):

> Denn das dem Gesetz Unmögliche, weil es durch das Fleisch kraftlos war, tat Gott, indem er seinen eigenen Sohn in Gestalt des Fleisches der Sünde und für die Sünde sandte und die Sünde im Fleisch verurteilte, damit die Rechtsforderung des Gesetzes erfüllt wird in uns, die wir nicht nach dem Fleisch, sondern nach dem Geist wandeln.

Es ist auch *für Gott* ein Drama, wenn der sündige Mensch sich ihm und seinen Heilstaten verweigert. In drastischen Worten spricht die Bibel von der Verwunderung, der Enttäuschung, der Ermüdung, dem Zorn, den Verletzungen und dem Leiden Gottes (z.B. Jes 5,1–7; 7,13; 43,24; 63,9–10; 65,1–3; Jer 3,6–20). Aus dem heilsgeschichtlichen „schon jetzt" und „noch mehr" wird ein schmerzvolles „noch nicht", ein harrendes „wie lange noch" (Num 14,11; Jes 30,18). Wenn Gott trotzdem an seinem Heilsziel festhält, dann tut er das auf eigene Kosten, unter großen inneren Spannungen und Schmerzen: Seine „Eingeweide rumoren" in ihm für die Menschen, wenn er Unheil aufhält (Jer 31,20), sein Herz wendet sich gegen ihn selbst, seine Reue und Barmherzigkeit brennen in ihm, wenn er das Volk nicht preisgibt (Hos 11,7–9), seine Barmherzigkeit mit den Menschen ringt mit seinem Zorn gegen ihre Sünde (Ps 30,6; Jes 54,7–8; Jes 60,10; Klgl 3,31–33; Hes 18,23.31–32). Ulrich Wilckens fast diese Theo-Dramatik so:

> Die Spannung in Gott selbst zwischen seiner Erwählungsliebe zu seinem Volk und seinem Zorn gegen dessen Sünde, die bereits in Ex 34,6f. angelegt ist, hat sich in der Geschichte Gottes mit Israel dramatisch verstärkt. Immer wieder hatte sich das Gewicht von der Prävalenz der Gnade zur Dominanz seines Zorns verlagert. Mit der Zerstörung Jerusalems und des Tempels und mit der Deportation des Großteils der Bevölkerung in das ferne Babylon schien schließlich das Ende der Erwählungsgeschichte JHWHs mit seinem Volk gekommen zu sein. Jetzt hatte sein Zorn alles zunichte gemacht, was vorher als Vertrauen auf die Heilswirklichkeit seiner Liebe noch durchgehalten hatte. Ezechiel und Jeremia jedoch, die beiden großen Propheten der Exilszeit, kündigten gleichwohl eine überraschende Wende an: Ein Fortwirken der Erwählungsgnade wird es zwar nicht mehr geben. Deren Prävalenz wird durch ein ganz neues Errettungswunder zur Wirkung kommen. Einen völlig neuen Bund wird Gott mit Israel schließen; jeder Einzelne soll ein neues Herz bekommen und durch Gottes Geist befähigt werden, seine Gebote von innen heraus zu erfüllen.[27]

---

[27] Wilckens, Theologie des Neuen Testaments II,1, 139.

*2.5.3 Heil lässt sich nur noch in dramatischer Selbstsendung Gottes (*missio Dei*) verwirklichen*

Zum Glück ist das Scheitern der Heilswege nicht das letzte Wort Gottes, so dass wir von einer Tragödie sprechen müssten. Was das Alte Testament bereits angezeigt hat, geschieht nun tatsächlich. Gott ringt sich seinen Sohn ab (Mt 21,33). Der dramatische Höhepunkt der Heilsgeschichte ereignet sich in der Selbstsendung Gottes, im Leben, Leiden, Sterben und Auferstehen seines Sohnes. Trinitätstheologisch muss man sagen: Eine größere Öffnung der drei-einen Liebe Gottes zum Heil der Menschen ist nicht denkbar. Der, durch den, in dem und zu dem alles geschaffen ist, nimmt vollen Anteil am Drama zwischen Mensch und Gott. Er durchlebt dieses Drama, um den Menschen die Gemeinschaft mit Gott, die volle und ganze Teilnahme am göttlichen Leben zu schenken und sie ewig zu vollenden. Mit den berühmten Worten des Athanasius v. Alexandrien (Ath.inc. 54): „Denn er wurde Mensch, damit wir vergöttlicht würden. Er offenbarte sich im Leibe, damit wir zur Erkenntnis des unsichtbaren Vaters gelangten; er ließ sich den Frevelmut seitens der Menschen gefallen, damit wir die Unsterblichkeit ererbten." Was das im Einzelnen für den Sohn bedeutet hat, wie er dabei Heil verwirklicht hat, wie diese Wirklichkeit des Heils heute im Leben der Menschen wirksam wird, das brauche ich im Rahmen meiner Argumentation hier gar nicht auszuführen. Wichtig ist festzuhalten:

- Durch die Menschwerdung identifiziert sich der Sohn nicht nur mit unserem Menschsein im Verhältnis gegenüber Gott und allen Mitkreaturen, so dass er den Vater als seinen Gott über sich hat. Vielmehr nimmt er sogar unser gefallenes Menschsein an (Röm 8,3–4; Gal 4,4).
- Darin liegt die Dramatik, in der deutlich wird, wie heilig und kostbar Gott das Heil der Welt ist (Mk 10,45; 1Tim 2,6; 1Kor 6,20; 1Petr 1,18). Er sendet und gibt nicht irgendetwas, sondern im ewig geliebten Sohn sich selbst und damit alles, was er zu geben vermag (Röm 8,32). Er lässt sich das Heil der Welt in der Tat das teuerste Lösegeld kosten, das es gibt.
- Indem er den Sohn für uns zur Sünde macht (2Kor 5,21), nimmt er den bisher nicht zu überwindenden Widerstand des sündigen Herzens in sein trinitarisches Leben. Er nimmt die Folgen der Sünde auf sich selbst (Jes 52,13–53,12; Röm 4,25; 1Kor 15,3; Gal 3,13; Kol 2,14) und setzt sich den Unheilsmächten bis in die Tiefen der Gottverlassenheit (Mt 27,46) und des Todes aus. Dies tut er, um in der Auferweckung des Sohnes durch den Vater im Heiligen Geist die Macht des Bösen mit seinem dreieinigen Leben und Lieben zu entmachten.

- Es ging nicht anders, als auf diesem Weg der Selbsthingabe Gottes durch den Sohn in der Kraft des Geistes. Die Heilsherrschaft Gottes setzt sich nicht mit den Gewaltmitteln der Sünde und des Todes durch, sondern auf dem Weg der sich hingebenden und sich kreuzigen lassende Liebe des dreieinigen Gottes. Jesus drückt diese dramatische Zuspitzung durch das sogenannte göttliche „Dei" aus: Christus musste leiden (Mt 26,54; Mk 8,31; Lk 24,26).
- Es ging nicht anders als durch eine von innen herkommende Erneuerung des Menschseins, durch die Gott selbst Wohnung nimmt im Herzen der Menschen und es so erneuert. Diese Zuspitzung und Fokussierung des Heilshandelns Gottes auf das Personenzentrum des Menschen ist in besonderer Weise das Werk des Heiligen Geistes (Joel 3,1–5; Hes 36,26–27; Joh 3,5–8; Röm 8,9–17).

3. Heil: zum Glück etwas durch und durch Göttliches

Diese schnell gezeichnete Skizze ist ein möglicher Weg, die theologische Dimension des Heils zu entfalten. Jetzt kommt es darauf an, dass die Theologie nun auch dementsprechend vom Heil denkt und redet. Ist Gott selbst und die Gemeinschaft mit ihm Grund und Ziel allen Heils in dieser Welt, dann hat diese Tatsache begründende, regulierende und auch kritische Funktion für das christliche Verständnis von Heil. Dazu nun ein paar abschließende Anregungen im Gespräch mit missionaler Soteriologie.

3.1 Die Möglichkeiten eines trinitarischen Heilsbegriffs entdecken

Missionale Theologie begründet Mission und missionale Existenz aus dem dreieinigen Wesen Gottes – zurecht. Warum aber spielt die Trinität bei der Entfaltung des Heilsbegriffs kaum eine Rolle? Ich habe – in Anlehnung an die Soteriologie der Alten Kirche – versucht zu zeigen, dass die Liebe und das Leben des dreieinigen Gottes Ursprung und Ziel allen menschlichen Heils sind. Eigentlich ist das eine Steilvorlage für missionale Theologie, Gott konsequent als Ursprung *und Vollendung* seiner *missio Dei* zu fassen. Von einem solchen, weiten Heilsbegriff ist man noch deutlich entfernt, wenn man Heil lediglich als Wiederherstellung des ursprünglichen Schöpfungszustandes (*status integritatis*) versteht:

Was Heil ist, lässt sich am besten mit dem Begriff ‚Wiederherstellung' zum Ausdruck bringen. Heil besteht in der Überwindung der schlimmen Folgen des Sündenfalls in seiner ganzen Breite. Es zielt darauf, die ursprüngliche Unversehrtheit und Ganzheit der Schöpfung wiederherzustellen.[28]

Ich plädiere demgegenüber für ein trinitarisches Heilsverständnis. Es bietet die Möglichkeit, bereits die Schöpfung als Heilstat Gottes zu erkennen, ohne allerdings von einem perfekten Heilszustand auszugehen. Vielmehr ist das Heil im Ursprung mit Potentialität aufgeladen und von Anfang an auf eine ewige Vollendung angelegt. Es entfaltet sich daher auch als dynamische und geschichtliche Wirklichkeit. Eine solche supralapsarische Sichtweise ist nötig, um den Einbruch der Sünde und die Notwendigkeit der Erlösung sinnvoll in die Heilsgeschichte zu integrieren. Die universale, kosmische Weite[29] des Heils von der Schöpfung über die Erhaltung und Erlösung bis zur Vollendung kommen so angemessen zur Geltung – eine Grundanforderung an jede ganzheitliche Rede vom Heil.

Ein trinitarischer Ansatz hat darüber hinaus den Vorteil, das Unvollendete des Heils in dieser Welt zunächst mal grundlegend positiv zu verstehen als ein „schon jetzt" und „noch mehr". Traditionell sieht man das eher negativ. Dies zeigt sich in der Diskussion um die *eschatologische Spannung* zwischen dem „schon jetzt" und „noch nicht" des Heils.[30] Im Extremfall relativieren die einen das gegenwärtige Heil zu Gunsten seiner eschatologischen Vollendung, so dass zwischen beiden eine *Diskontinuität* („noch nicht") besteht. Die anderen argumentieren dagegen mit dem „schon jetzt" für eine *Kontinuität* zwischen gegenwärtigem und zukünftigem Heil. So verständlich dies ist, so ist die Denkweise hier immer noch dieselbe wie die der Gegenposition. Man löst die negative Spannung lediglich anders auf, indem man die „Ganzheitlichkeit" und Fülle des Heils unbedingt theologisch sichtbar machen und im Jetzt demonstrieren will. Die Gefahr dabei ist, dass man Erfahrungen, Güter und Zustände von Heil behauptet, die sich so überhaupt nicht im Leben der Menschen, der Kirche und der Welt nachweisen lassen. Die real erlebte Heilswirklichkeit der Menschen in der Gegenwart wird eschatologisch überfrachtet.

Beide Positionen könnten sich zunächst im gemeinsamen Schmerz über das „noch nicht" des Heils finden. Das wäre der soteriologische Mitvollzug des Leidens, das Gott selbst zeigt, wenn er sieht, wie das Heil durch die

---

28 Hardmeier, Geliebte Welt, 130.
29 Siehe die abschließenden Anmerkungen bei Seils, Art. Heil und Erlösung, 635.
30 Einen Weg in die Debatte ebnen die Beiträge von Gäckle, Die transformatorische Theologie, und Faix, Dein Reich komme.

Sünde der Menschen aufgehalten und verunmöglicht wird. Es wäre ein theologisches Seufzen mit der ganzen Schöpfung, die ängstlich und bange auf ihre endgültige Erlösung wartet (Röm 8,18–25; Apk 6,10). Ich meine aber, dass der soteriologische Umgang mit diesem „Noch nicht" nur dann gelingt, wenn die grundlegende und positive Zeitlichkeit des Heils berücksichtigt wird. Es liegt an der dreieinigen Liebe Gottes, die das Wesen des Heils ausmacht, dass Gott sein Heil nicht im vollendeten Zustand geschenkt hat, und das gilt auch heute noch. Wenn die guten Gründe Gottes für die Heilsgeschichte zu leuchten beginnen, entsteht ein soteriologischer Grundton der Freude über die Gabe des Heils und der Hoffnung auf die Vollendung des Lebens durch und in Gott. Ohne diesen Grundton kann das berechtigte Fragen nach dem „Noch nicht" des Heils entarten zu einer undankbar klingenden Diskussion, die Heil in erster Linie als defizitär oder mangelhaft thematisiert. Ob man dies dann eschatologisch legitimiert oder wegkaschiert, durch beide Verarbeitungsstrategien wird man der göttlichen Gabe theologisch nur noch bedingt gerecht. Denn man kann sich eigentlich weder am „Jetzt" des Heils freuen noch an seinem „Noch mehr".

3.2 Behutsam und doch beherzt vom Heil reden

Erst die Theodramatik der Heilsgeschichte lässt erkennen, wie kostbar Gott das Heil der Menschen ist. Vielleicht muss man sogar sagen: Als Gott sich in freier Liebe für eine Heilsgeschichte mit den Menschen entschied, stand ihm die Möglichkeit der Sünde und des Unheils nicht nur vor Augen, sondern er war von Anfang an bereit, sich selbst im Sohn als Einsatz und Lösegeld zu geben, sollte dies nötig sein (1Petr 1,18–21). An dieser dramatischen Heiligkeit und Kostbarkeit gilt es Maß zu nehmen, unter anderem durch eine behutsame Rede vom Heil. Ein paar Vorschläge dazu:

3.2.1 Geber und Gabe zusammenhalten

Gott selbst ist das Heil (transzendenter Aspekt), und alles Heil der Welt (horizontale Ebene) steht in einer doppelten Beziehung (vertikale Ebene) zu ihm: Es kommt von ihm und führt zu ihm. Im Bild gesprochen: Wenn Gott in das Leben der Geschöpfe „fällt", breitet sich Heil in konzentrischen Wellenkreisen aus und bewegt sich zugleich zurück zu seinem Ursprung. Missionale Soteriologie will diese Theozentrik – Gott und die Gemeinschaft des Glaubens, der Liebe und der Hoffnung mit ihm – behalten. Aber sie will Heil nicht nur in seiner soteriologischen Dimension sehen, sondern auch bestimmte Ereignisse, Zustände und Lebensbedingungen in dieser Welt als Heil bezeichnen (soziale und kosmische Dimension).

Biblisches Heil ist zuallererst Versöhnung mit Gott und Wiederherstellung der Beziehung zu ihm. Aber nicht nur. Nicht nur mit der Sünde des Einzelnen hat biblisches Heil zu tun, sondern auch mit sündigen bösen Strukturen, die überwunden werden müssen. Dort, wo ungerechte Zustände überwunden und gerechte Strukturen geschaffen werden, die dem Willen Gottes entsprechen, kann von Heil gesprochen werden. ... So lange uns klar ist, dass wir dabei von einer Heilsdimension reden – und Heil nicht erschöpfend als soziale Verbesserung definieren –, wird die Rede von solch umfassendem Heil zur Rückgewinnung der biblischen Heilsfülle beitragen. ... Wir sollten uns nicht davor fürchten, soziale Verbesserungen Heil zu nennen ... Das gibt uns die Berechtigung, den Umweltschutz und den Erhalt der natürlichen Ressourcen als Heilsereignisse zu charakterisieren.[31]

Ich finde in Aussagen wie diesen einen Fehlschluss, der zu einer unbehutsamen weil *untheologischen Rede vom Heil* führt. Ja, es stimmt: Beginnt man mit der Frage, was Gott alles zum Heil unternimmt, was Heil dann für den Menschen alles beinhaltet, dann kann man in der quantitativen Fülle die soteriologische neben die soziale und kosmische Dimension stellen. Dann kann man auch sagen, dass Heil nicht erschöpfend mit einer Dimension definiert werden kann. *Daraus folgt aber nicht, dass soziale Prozesse oder Schutz und Erhalt der Natur für sich genommen und als Heil bezeichnet werden können. Wer das tut, macht einen Kategorienfehler.* Das meint, er sieht nicht, dass die soteriologische Dimension qualitativ anders ist: Was in ihr beschrieben wird – also Gott und Gottesgemeinschaft – hat heilsbegründende und heilsvollendende Qualität.

Güter, Ereignisse, Erlebnisse und Zustände in dieser Welt sind nur dann als Heil qualifizierbar, wenn Gott in ihnen gegenwärtig ist, wenn sie von ihm, durch ihn und zu ihm hin bestehen. So lange diese theologischen Kriterien nicht erfüllt sind, sollten wir uns davor hüten, etwa politische Befreiungsprozesse allzu schnell und oberflächlich als Heil zu bezeichnen. *Vielleicht* sind sie es, *vielleicht* sind sie Teil eines von Gott initiierten Heilsprozesses, sie könnten *Zeichen des Heils*[32] sein und uns so auf das Heil verweisen und es zugänglich machen.

Es ist nicht gut, wenn alles Mögliche zu schnell als Heil bezeichnet wird.

---

31 Hardmeier, Geliebte Welt, 131–32.
32 Vgl. die umsichtigeren Formulierungen von Hardmeier auf S. 77 in diesem Buch.

Ob sie all das sind, danach sollte auch missionale Soteriologie kritisch fragen, wenn sie nicht dazu beitragen will, dass die Theologie in Zukunft den Geber des Heils von seiner Gabe trennt, also unter Absehung Gottes von Heil zu reden beginnt. Es gilt, der theologischen Dimension des Heils, die durch die Sünde zu einer soteriologischen Dimension wurde, *regulative und korrektive Funktion* für das Ganze des christlichen Heilsverständnisses zukommen zu lassen. Konkret bedeutet das:

Welche Entwicklungen in der Weltgeschichte, welche Veränderungen in Ihrem Umfeld und welche persönlichen Erfahrungen könnten Sie mit Sicherheit als „Heil" bezeichnen?

> [M]enschliche Glückserfahrung und -suche muß sich kritisch fragen lassen, ob sie jenem Heil, das Gott bereitet hat, ja selber ist, entspricht. Große Teile der prophetischen Verkündigung stehen darum im Widerspruch zu menschlichen Glücksverwirklichungen und -erwartungen, die sich von ihrem theonomen Grund und Ziel gelöst haben, und kritisieren sie nach dem Maß ihrer Vereinbarkeit mit dem von Gott geschenkten bzw. verheißenen Heil. Dieses setzt darum immer auf Seiten des Menschen Bekehrung und von Gott her Vergebung voraus.[33]

Mir ist bewusst, dass die Theologie sich seit vielen Jahrhunderten abarbeitet an den Kriterien dafür, ob und wie Ereignisse in dieser Welt als Handeln oder gar als Heilshandeln Gottes ausgesagt werden können. Ich kann an dieser Stelle lediglich dazu ermutigen, dass missionale Theologie sich an dieser Arbeit beteiligen sollte, um dann auch von der Dogmatik profitieren zu können.[34]

3.2.2 Die Unheilsmächte im Auge behalten

Die dramatische Geschichte Gottes mit den Menschen macht klar: Heil ist prekär, es ist bedroht durch den Abfall des Menschen von Gott. Dies gilt nicht nur für den Prozess der Heilsvollendung, sondern überhaupt für alle Wirklichkeit eines heilvollen Lebens, inklusive der Gottesbeziehung.

Erschreckend ist, dass die Unheilsmächte der Sünde und des Bösen sogar die ausdrücklichen Heilsgaben, -mittel und -erfahrungen des Alten Bundes von innen heraus entstellen und in Unheil wandeln können. Dieses Drama spielt sich auch in den innerweltlichen Bemühungen ab, durch die

---

[33]   Greshake, Glück oder Heil?, 166. Ähnlich bei Bosch, „Heil und Wohlergehen, auch wenn sie ganz eng miteinander verzahnt sind, stimmen nicht vollkommen überein. Der christliche Glaube ist ein kritischer Faktor, die Herrschaft Gottes eine kritische Kategorie und das christliche Evangelium ist nicht mit den Agenden der modernen Emanzipation und der Befreiungsbewegung identisch" (Mission im Wandel, 467).

[34]   Erste Ansätze finden sich bei Meier, Trinität neu entdeckt, besonders 54–56; 59–61.

der Mensch – gerade der moderne oder nachmoderne – ein glückliches, gelingendes und erfülltes Leben zu verwirklichen sucht. Ich tippe das nur an: Soziologen diskutieren die Dialektik der Moderne und meinen damit den Umschlag, bei dem sich die Verheißungen und Errungenschaften des modernen Lebens als Bedrohung und Risiko gegen den Menschen wenden. „In Risikogesellschaften werden mit der Geschwindigkeit und der Radikalität von Modernisierungsprozessen die Folgen der Erfolge von Modernisierung zum Thema."[35] Hartmut Rosa zeigt, wie die Moderne – einst ein Projekt des Menschen mit klaren Heilsversprechen wie Freiheit, Gleichheit und Brüderlichkeit – zu einem sich selbst stabilisierenden Prozess geworden ist. Sie sichert ihren Bestand durch kaum zu kontrollierende Dynamiken wie „Wachstum, Beschleunigung und die Steigerung der Innovationsraten", Kräfte, die heute „nicht mehr oder kaum mehr als Verheißungen, sondern vielmehr als Zwänge erscheinen."[36] Es ist gar nicht sicher, ob die Herstellung von Freiheit, Gerechtigkeit, Wohlstand und Fortschritt bleibend gelingt und mit Glück (von Heil ganz zu schwiegen) gleichzusetzen ist. Dessen war sich der Kommunismus von Anfang an bewusst und arbeitete intensiv an der *Schaffung des neuen Menschen*, der befreit von Egoismus und Selbstsucht von innen heraus im kommunistischen Geist lebt und handelt. Klaus Bockmühl hat gezeigt, wie dieser Versuch und mit ihm das kommunistische Programm gescheitert ist, weil der Mensch weder durch gesellschaftliche Strukturen oder Verhältnisse, noch durch atheistisch aufgeklärte Umerziehungsprogramme neu geschaffen werden kann.[37] Es zeigt sich, dass auch die wohlgemeintesten Bemühungen, Menschen, Tiere und Natur aus den bösen Strukturen von Ungerechtigkeit, Ausbeutung und Gewalt zu befreien, durch die Macht des Bösen korrumpiert werden und scheitern.

> Wie ist hier Befreiung möglich? Wie kommt der Mensch aus dem Teufelskreis von unfrei machender Herrschaft, von Egoismus und Totalitarismus, von Unfrieden und Ohnmacht, von Perspektiven- und Hoffnungslosigkeit heraus? Wie ist unter den Bedingungen der Unfreiheit der qualitativ neue Anfang zur Freiheit möglich? Gilt nicht das Wort Th. W. Adornos: „Was immer der einzelne oder die Gruppe gegen die Totalität unternimmt, deren Teil sie bildet, wird von derem Bösen angesteckt, und nicht minder, wer gar nichts tut.[38]

---

[35] Beck, Weltrisikogesellschaft, 24.
[36] Rosa, Historischer Fortschritt oder leere Progression?, 136.
[37] Siehe dazu Bockmühl, Herausforderungen des Marxismus, 100–140.
[38] Greshake, Heilsverständnis heute, 35.

Angesichts solcher Erfahrungen scheint es mir überaus schwierig, nur schon innerweltlich von Glück und Wohlergehen zu reden. Das sollte christlicher Theologie noch einmal mehr Anlass sein, umsichtig und behutsam von Ereignissen und Verhältnissen in dieser Welt *als Heil* zu sprechen. Ich bringe diese Überlegungen hier allerdings nicht ins Spiel um zu sagen: Es hat doch alles keinen Wert, die Welt bleibt, wie sie ist, Heil ist eine rein innerlich-geistliche und eine nur transzendent-zukünftige Wirklichkeit, lasst uns lieber gar von Heil sprechen. Ganz im Gegenteil, der Blick soll geschärft werden für das, was christliche Theologie heute zur Diskussion um Leben, Glück und Heil beitragen kann, und zwar beherzt, weil es niemand sonst sagen kann.

3.2.3 Den Stein des Anstoßes wieder ins Rollen bringen

Missionale Theologie ist getrieben von einer ansteckenden Liebe zur Welt und ihren Menschen. Da kann man lernen, dass die theologische Erkenntnis und Darstellung des Heils letztlich denkender und redender Mitvollzug der Liebe Gottes sein muss. Dies bedeutet aber auch, den Anspruch, die Zumutung und den Widerstand des liebenden und heilbringenden Gottes theologisch zu Gehör zu bringen. Anders gesagt: Gott selbst hat in einer tief widerborstigen und äußerst anstößigen Weise am Heil der Welt festgehalten, bis er es im Heiligen Geist und durch Christus verwirklicht und die Heilsgemeinschaft wiederhergestellt hat. Die Soteriologie sollte ihm darin versuchen zu folgen. In zugegeben unverschämter Raffung nenne ich die wichtigsten Aspekte:

- Für den Sünder ist es schon eine Zumutung zu hören, dass er das wahre Menschsein nur dann hat und verwirklichen kann, wenn er in einer personalen Beziehung von Glaube, Liebe und Hoffnung mit Gott steht. Ohne Gott kein Heil. Soteriologie kann auch nicht ansatzweise davon ausgehen, dass der Mensch heute eine Ahnung davon hat, Kreatur eines Schöpfers zu sein.
- Diese Zumutung steigert sich – wie oben dargestellt – dramatisch für Gott selbst, und das betrifft nun auch den Menschen. Wer sieht, dass Gott in das Drama des Menschen einsteigt, um es durch Leben, Leiden, Sterben und Auferstehung Christi von innen heraus zu befreien, stößt sich leicht in einer doppelten Weise: Zunächst empfindet er es als diskriminierend zu hören, dass der Zustand seines Herzens derart schlimm sein soll, dass eine solche Heilsaktion nötig gewesen wäre. Soteriologie kann nicht voraussetzen, dass der Mensch sich als erlösungsbedürftig wahrnimmt. Er will höchstens Anleitung und Inspiration zum Glücklich- und Ganzsein mit innerweltlichen Mitteln.

- Des Weiteren erscheint es dem Menschen in seiner sündig verdunkelten Vorstellung von göttlicher Weisheit und Macht als geradezu peinlich, lächerlich, ungöttlich und daher unglaublich, wenn Gott das Heil auf solch dumme und schwächliche Weise herstellt, wie es der christliche Glaube sagt.

Wenn Gott – allem sündigen Widerstreben des Menschen zum Trotz – seinen Heilswillen nicht aufgibt, zu seiner Schöpfung steht und sie zum Heilsziel bringt, dann ist das eine *Kontinuität*, die durch einen *radikalen Bruch* hindurchgeht: Nach dem Scheitern aller Heilswege sendet Gott sich selbst im Sohn, stirbt den Tod des Sünders, um der Erstgeborene der neuen Kreatur zu sein. *Christliche Soteriologie kann ohne diese Diskontinuität nicht von Heil reden. In ihrer Liebe zu den Menschen schuldet sie ihnen den Anstoß des Kreuzes Christi (1Kor 1,18–31).*

Ich komme nicht vom Eindruck los, dass missionale Soteriologie hier tatsächlich etwas schuldig bleibt – allen Beteuerungen über das Kreuz als zentrale Mitte des Heils entgegen. Ihre große Stärke ist es, die Kontinuität, die Überlappung von wahrem, „ganzheitlichem" Menschsein und dem Heil Gottes leuchten zu lassen. Unterbelichtet bleiben „die Elemente, die in aller Kontinuität Diskontinuität besagen: Umkehr, Neuanfang, Abstürze, Untergänge, Verzicht und Opfer, Widerspruch und Widerstand, Tod und Verwandlung".[39] Anders ist es für mich kaum zu erklären, dass missionale Soteriologie bei den Heilsgaben und -wegen des Alten Bundes anknüpft (z.B. Befreiung durch den Exodus, Herstellung gerechter Lebensverhältnisse durch das Gesetz) und sie direkt auf heute überträgt. Da wäre doch klarzumachen, dass all diese Dinge in sich keine Heilswege mehr darstellen, sondern nur als durch Christi Tod und Auferstehung transformierte Wege. Ganz spitz formuliert: Wie kann missionale Soteriologie behaupten, Gott wirke durch bestimmte politische, soziale, ökologische, ökonomische oder emanzipatorische Ereignisse oder Prozesse Heil, wenn Gott selbst die schmerzhafte Erfahrung gemacht hat, dass diese Wege am sündigen Herzen der Menschen scheitern? Dass Gott gesellschaftliche Erneuerungsprozesse initiieren, menschenwürdige Lebensbedingungen, gerechte und freiheitliche politische Verhältnisse schenken oder gelingendes Leben im Einklang mit der außermenschlichen Kreatur herstellen kann – all das ist ihm natürlich zuzutrauen. Und auch, dass er dadurch das Heil für seine Schöpfung offen und zugänglich hält, in tiefer Weise Resonanzräume für das Heil und die Heilsbotschaft öffnet. Wer aber hier pauschal von Heil redet, steht kurz davor, Gott eine Heilsstrategie zuzuschreiben, die er schon

---

[39] Greshake, Heilsverständnis heute, 31.

lange aufgegeben hat. Gott selbst hat sein Heilshandeln in skandalöser Weise reguliert und zugespitzt auf die Erneuerung des Menschen von innen heraus. Dazu hat er den Weg der gekreuzigten Liebe auf sich genommen. Dieser Weg wiegt für Gott derart schwer, dass er ihn nicht gegangen wäre, wenn es noch eine Alternative gegeben hätte. Dem kann eine Heilsrede unter Absehung von Kreuz und Auferstehung, Umkehr und Wiedergeburt, Taufe und Geistempfang kaum noch Rechnung tragen.

Den Stein des Anstoßes ins Rollen zu bringen heißt also letztlich, sich selbst, der Kirche und der Gesellschaft neu klarzumachen suchen, warum und wie Gott durch Kreuz und Auferstehung Heil verwirklicht hat, und wie diese Wirklichkeit heute im Leben der Menschen und der Welt wirksam wird – durch den Glauben an Christus. In seinen jüngeren Äußerungen macht Roland Hardmeier der missionalen Theologie Mut, diesen anstößigen Weg zu gehen.[40]

3.3 Ein persönliches, nicht allzu wissenschaftliches Wort am Ende

Im Gespräch mit missionaler Soteriologie wie Roland Hardmeier sie vertritt, habe ich mich oft gefragt: „Sehen die etwas, was ich nicht sehe? Haben die weitere und offenere Augen für das Heil Gottes?" Ja, missionale Soteriologie kann einen heilsam anstiften, groß, konkret, lebendig und dynamisch von Gottes Heil zu denken und zu reden. Zugleich wurde mir aber auch das Unheil dieser Welt drastisch deutlich. Ja, noch mehr, mir fiel auf, wie viele Dimensionen meines Lebens noch lange nicht heil sind. Und auch, wie sehr mein Lebensvollzug hinter dem herhinkt, was ich von Gott und seinem Heil glaube und auch lehre! Kann ich unter diesen Umständen überhaupt sagen, dass ich Heil gefunden habe? Und wenn ich das im Vollbesitz meiner inneren und äußeren Kräfte, inmitten einer recht sicheren, friedvollen, gerechten und demokratischen, also sozusagen heilen Schweizerischen Gesellschaft schon nicht sagen kann, wie soll man da bei den Kranken, Behinderten, Missbrauchten, Unterdrückten, Ausgebeuteten, Armen und Verfolgten von Heil sprechen? Muss christliche Soteriologie nicht auch dazu beitragen, Heil unter den nicht wegzudiskutierenden und manchmal erdrückenden Unheilsbedingungen dieser Welt glauben, leben und verkündigen zu können?

Aus dieser Frageperspektive heraus habe ich mich noch einmal mehr daran gefreut, dass Heil durch und durch göttlich ist. Wie wichtig ist es, dass Soteriologie das *Heil als zuvorkommende Gabe Gottes* hochhält, die

---

[40] So auf S. 79 in diesem Buch und in Missionale Theologie, 222–223.

ich zunächst einmal geschenkt bekomme und so nur kontemplativ entge-
gennehmen kann. Lutherische Rechtfertigungslehre hat das ganz tief er-
kannt. *Gerechtigkeit Gottes ist viel größer als alles, was innerweltliche Gerechtigkeit sein kann. Gott erklärt mich in Christus für gerecht, er
behandelt mich als Gerechten (forensische Rechtfertigung), obwohl ich es
noch gar nicht bin, um mich so tatsächlich ihm und dem nächsten gegenüber gerecht zu machen (effektive Rechtfertigung).* Und diese göttliche
Wirklichkeit, dieses radikale „außerhalb von mir" (*extra me*) und sich
selbst noch zuvorkommende „für mich" (*pro me*) des Heils gilt auch dann,
wenn mein Leben im Glauben eben keine Demonstration von Heil ist. Die
Vollendung meines Lebens in Gott steht nicht auf dem Spiel dadurch, dass
ich immer Gerechter und Sünder (*simul iustus et peccator*) zugleich bin.
Gott wird mich trotzdem durch einen endgültigen Richterspruch am Ende
der Zeit auf ewig zurecht bringen.

Bei allem möglichen Missbrauch solcher Gedanken, muss christliche
Soteriologie dranbleiben an dem, was Luther und Co. eigentlich und wirklich gesagt haben – auch missionale Soteriologie. Wir dürfen daher auch
nicht jede Rede vom Seelenheil als nicht „ganzheitlich" abtun, weil wir
platonische Leib- und Weltfeindlichkeit vermuten. Menschen bezeugen
seit Jahrtausenden, dass sie tief in ihrem Inneren die heilsame Gegenwart
Gottes erlebt haben, dass sie so ihres Heils gewiss waren, obwohl ihnen
„Leib und Seele verschmachteten" (Ps 73,26), obwohl alles gegen ihr Heil
stand und sprach. Da geht es überhaupt gar nicht darum, dass die Welt ein
sinkendes Schiff ist, aus dem lediglich die eigene Seele zu retten wäre. Da
geht es darum, dass keine Macht dieser Welt mich vom Heil, von Gott
scheiden kann, seit er sich im Sohn allen Unheilsmächten ausgeliefert und
sie besiegt hat. Und daher erachte ich es als überlebenswichtig, dass die
Seele zu sprechen und zu singen beginnt, wenn die Wellen über einem zu-
sammenschlagen. Wie Horatio G. Spafford, dessen vier Töchter 1873 bei
einem Schiffsunglück auf dem Atlantik zu Tode kamen. Als er wenig später seine Frau, die überlebt hatte, in Wales abholen wollte, fuhr sein Schiff
über jene Stelle, an der sich das Unglück ereignet hatte. Auf dieser Reise
dichtete er die bekannten Zeilen: „When peace like a river attendeth my
way, When sorrows like sea billows roll, Whatever my lot, Thou hast
taught me to say, It is well, it is well with my soul." Ich kann mir nicht
vorstellen, dass er dabei an den platonischen Dualismus von Leib und Seele
gedacht hat.

Bibliographie

Beck, Ulrich: *Weltrisikogesellschaft. Auf der Suche nach der verlorenen Sicherheit*, Frankfurt 2007.

Bockmühl, Klaus: *Herausforderungen des Marxismus. Verdrängte Hintergründe und bleibende Anfragen*, Bockmühl-Werk-Ausgabe I,4, hrsg. v. Rainer Mayer, Giessen 2002.

Bosch, David J.: *Mission im Wandel. Paradigmenwechsel in der Missionstheologie*, hrsg. v. Martin Reppenhagen, Gießen 2012.

Brunner, Peter: *Die Freiheit des Menschen in Gottes Heilsgeschichte*, in: Pro Ecclesia. Gesammelte Aufsätze zur dogmatischen Theologie, Bd. 1, Berlin 1962, 108-125.

Ders.: *Gott, das Nichts und die Kreatur. Eine dogmatische Erwägung zum christlichen Schöpfungsglauben*, in: Pro Ecclesia. Gesammelte Aufsätze zur dogmatischen Theologie, Bd. 2, Berlin 1966, 31-49.

Ebeling, Gerhard: *Das Verständnis von Heil in säkularisierter Zeit*, in: Wort und Glaube III, Beiträge zur Fundamentaltheologie, Soteriologie und Ekklesiologie, Tübingen 1975, 349–361.

Faix, Tobias; *Weissenborn*, Thomas: *Transformation als Aspekt der Soteriologie*, in: Rainer Ebeling; Alfred Maier (Hrsg.), Missionale Theologie, GBFE-Jahrbuch 1, Marburg 2009, 113–128.

Faix, Tobias: *Dein Reich komme – Gesellschaftstransformation verstehen*, in: Robert Badenberg; Friedemann Knödler (Hrsg.), Evangelisation und Transformation. „Zwei Münzen oder eine Münze mit zwei Seiten?", Nürnberg 2013, 19–55.

Gäckle, Volker: *Die transformatorische Theologie im Licht des Neuen Testaments*, in: Robert Badenberg; Friedemann Knödler (Hrsg.), Evangelisation und Transformation. „Zwei Münzen oder eine Münze mit zwei Seiten?", Nürnberg 2013, 61–81.

Greshake, Gisbert: *Heilsverständnis heute. Ein Problembericht*, in: Gottes Heil – Glück des Menschen. Theologische Perspektiven, Freiburg 1983, 15–49.

Ders.: *Der Wandel der Erlösungsvorstellungen in der Theologiegeschichte*, in: Gottes Heil – Glück des Menschen. Theologische Perspektiven, Freiburg 1983, 50–79.

Ders.: *Glück oder Heil? Ein Paradigma für die Dissoziation von christlichem Glauben und säkularer Gesellschaft und der Versuch einer theologischen Vermittlung*, in: Gottes Heil – Glück des Menschen. Theologische Perspektiven, Freiburg 1983, 159–206.

Ders.: *Epiphanie in Geschichte. Zur Korrelation von Transzendenz- und Heilserfahrung im Christentum. Beitrag für ein Symposium über hinduistische Religiosität*, in: Gottes Heil – Glück des Menschen. Theologische Perspektiven, Freiburg 1983, 207–226.

Gunton, Colin: Christ and Creation, Carlisle 1992.

Hardmeier, Roland: *Geliebte Welt. Auf dem Weg zu einem neuen missionarischen Paradigma*, Edition IGW 4, Schwarzenfeld 2012.

Hardmeier, Roland: *Missionale Theologie. Evangelikale auf dem Weg zur Weltverantwortung*, Edition IGW 7, Schwarzenfeld 2015.

Loos, Andreas: *Verheißungsvolle und beunruhigende Trinitätslehre. Dogmatische Impulse zur Begründung der Mission aus dem Wesen Gottes,* in: Robert Badenberg u.a. (Hrsg.), Gott – der Drei-Eine. Anstoß der Mission, Edition AfeM, Mission Reports 20, Nürnberg 2012, 66–86.

Meier, Alfred*: Trinität neu entdeckt – zur trinitarischen Begründung der Mission in der neueren missionstheologischen Diskussion,* in: Robert Badenberg u.a. (Hrsg.), Gott – der Drei-Eine. Anstoß der Mission, Edition AfeM, Mission Reports 20, Nürnberg 2012, 17–65.

Müller, Gerhard Ludwig: *Katholische Dogmatik. Für Studium und Praxis der Theologie,* Freiburg, [5]2003.

Neuer, Werner: *Heil in allen Weltreligionen. Das Verständnis von Offenbarung und Heil in der pluralistischen Religionstheologie John Hicks,* Gießen 2009.

Rosa, Hartmut: *Historischer Fortschritt oder leere Progression? Das Fortschreiten der Moderne als kulturelles Versprechen und als struktureller Zwang,* in: Ulrich Willems u.a. (Hrsg.), Moderne und Religion. Kontroversen um Modernität und Säkularisierung, Bielefeld 2013, 117–141.

Schirrmacher, Thomas*: Missio Dei. Mission aus dem Wesen Gottes,* Hamburg 2011.

Schlatter, Adolf: *Ist Jesus ein Sündenbock?,* Kämpfende Kirche 22, Kassel 1936.

Ders.: Das christliche Dogma, Stuttgart [4]1984.

Seils, Martin: *Art. Heil und Erlösung. IV. Dogmatisch,* TRE Bd. 14 (1985), 622–637.

Wilckens, Ulrich: *Theologie des Neuen Testaments, Bd. II: Die Theologie des Neuen Testaments als Grundlage kirchlicher Lehre, Teilband 1: Das Fundament,* Neukirchen-Vluyn 2007.

Von der Spiritualität zum Handeln – oder umgekehrt?

Markus Dubach

Wir sind Gerettete aus dem sinkenden Schiff und glauben daran, dass diese gute Botschaft vom Reich Gottes in der ganzen Welt gepredigt werden wird. Dann kommt das Ende (Mt 24,14). Und das Ende, wie sieht es aus? 2Petr 3 sagt uns, dass der Himmel mit gewaltigem Krachen vergehen wir, die Gestirne werden im Feuer verglühen, und über die Erde und alles, was auf ihr getan wurde, wird das Urteil gesprochen werden. … Doch wir warten auf den neuen Himmel und die neue Erde, die Gott versprochen hat – „die neue Welt", in der Gerechtigkeit regiert.

Wir warten – sind wir also passiv und kümmern uns nur ums Seelenheil? Oder ist die Welt wirklich Gottes geliebte Welt, die sich nach Erlösung sehnt (Röm 8,19–22) – und nicht nach Zerstörung? Was heißt es, wenn Petrus uns in Zusammenhang mit diesen Endzeitszenarien ermahnt, ein „durch und durch geheiligtes Leben zu führen, ein Leben in der Ehrfurcht vor Gott!" (2Petr 3,11). Ist das nur bezogen auf das persönliche Seelenheil, ist es damit eine dezidierte Weltverneinung, oder beinhaltet das auch die Aufforderung, das „Glück in der Nähe und Beziehung zu Gott" zu suchen, wie Andreas Loos sagt?

Ich denke, die Positionen von Andreas Loos und Roland Hardmeier sind einander recht nahe, und die Unterschiede beziehen sich auf verschiedene Ebenen des Denkens. In der Pädagogik gibt es ein Modell, das mir hilfreich scheint, um einige Aspekte aufzuzeigen, die in diesen Referaten betont werden. Daniel Zindel und andere beschreiben, dass pädagogisches Tun und Lassen aus drei Ebenen herausfließt – der untersten Ebene des Gehaltenseins, der Halteebene oder der Spiritualität, der zweiten und mittleren Ebene der Haltung, der Gesinnung, und der dritten und obersten Ebene des Handelns oder auch des Könnens.[1]

---

[1] Daniel Zindel u. a., *Haltungsorientierte Erziehung*, Magazin für Lebensaspekte und Glauben, Stiftung Gott hilft, Dossier 2/2014.

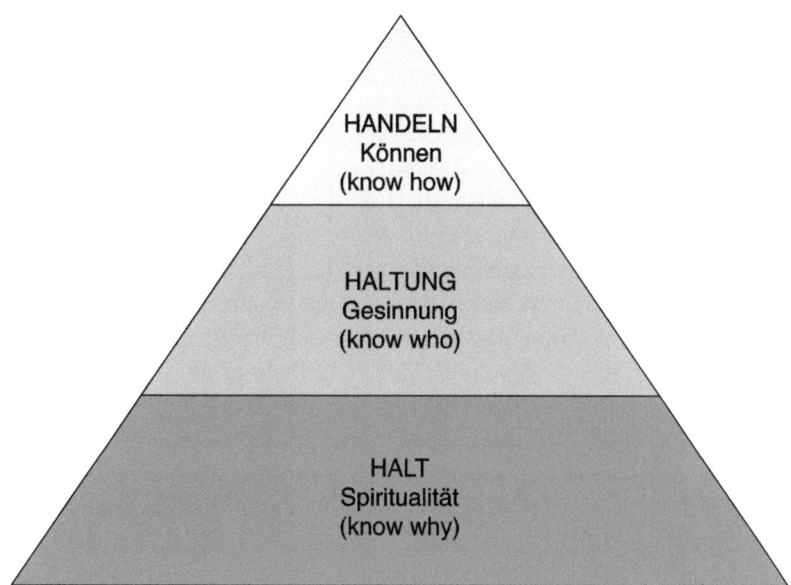

Graphik 1: Haltungsorientierte Mission (Skizze in Anlehnung an Daniel Zindel)

Loos und Hardmeier sind sich einig, dass der tragende Grund, der *Halt*, das Heil ist, das aus dem Wesen der Trinität hervorgeht, und Leben, Beziehung und Erlösung bringt. Mission baut auf diesem Fundament auf. In der Begegnung mit dem dreieinigen Gott kann echte Versöhnung zwischen Mensch und Gott hergestellt werden (Loos). Die Mitte ist das Kreuz – ein Ärgernis und eine Torheit.

Aus dieser Grundebene heraus folgen nun Haltung und Gesinnung und dann das Handeln. Auf der Gesinnungsebene sind unsere Überzeugungen, unsere Hoffnung, unsere Gefühle angesiedelt. Sie widerspiegeln nicht selten unsere Biographie. Das gilt auch für meine widersprüchliche Einschätzung dieser Thematik. Ich bin der Praktiker, der Bauer. Ich bin überzeugt davon, dass ich das, was ich säe, auch ernten werde. Von daher weiß ich, dass richtiges Handeln – die Frucht – nur auf der Basis einer gesunden Gesinnung und einer tragfähigen Spiritualität – der Boden – entstehen kann. Eine Investition auf der unteren und mittleren Ebene ist daher notwendig, damit das Handeln auf der oberen Ebene entstehen kann. In diesem Sinne halte ich auch die theologische Arbeit für notwendig. Diese gehört zum Beackern und zur Pflege des Bodens. Wenn der Boden nicht gut bearbeitet wird, wenn Schwermetalle und Pestizide ihn verseuchen, dann wird auch die Frucht verseucht sein. In diesem Sinne bin ich frustriert, dass so wenige

Missionspraktiker sich mit den theologischen Grundlagen auseinandersetzen.

Andererseits ist mir noch nicht klar, wie die theologische Arbeit, die hier geleistet wird, sich konkret in das Handeln umsetzen lässt. Auch wenn ich die Gedanken von Loos für inspirierend halte, weiß ich noch nicht, wie sie das Wachstum der Pflanzen in dem Garten, den Gott mir gegeben hat, fördern sollen.

Wie wirkt sich ein bestimmtes Heilsverständnis auf das Handeln aus?

Vielleicht liegt das daran, dass ich pragmatisch im Handeln verfangen bin und Begriffe unscharf verwende. Vielleicht kann es aber auch sein, dass wir uns einander in der unterschiedlichen Begabung und Persönlichkeit brauchen, damit die Verknüpfung der verschiedenen Ebenen gelingt.

Wenn wir einen Blick zurück in die Missionsgeschichte werfen, so sehen wir, dass Wesley, Carey, Taylor, Spittler und viele andere sich mit enormem Engagement für soziale Anliegen, Gerechtigkeit, Menschenwürde und -rechte, Fairness, etc. in dieser Welt einsetzten. Wesley und Wilberforce waren entscheidend für die Abschaffung des Sklavenhandels. Careys Anstrengungen führten zu einem Verbot der Witwenverbrennung in Indien. Taylor schaffte sich viele Feinde, weil er gegen den von Großbritannien geförderten Opiumhandel wetterte und alles unternahm, diesen zu stoppen. Weitere Beispiele könnten aufgeführt werden. Was bewegte diese Pioniere zum Handeln? Welches Heilsverständnis hatten sie? Und ist das überhaupt wichtig? Wie auch immer sie genau „Heil" verstanden, eines ist klar: Bei diesen Männern waren „Halt", „Handlung" und „Handeln" eng miteinander verknüpft.

Muss man soziales Engagement mit „Heil" begründen? Gibt es dafür auch andere legitime und motivierende Begründungen?

Woher kommt es, dass heute oft getrennt wird zwischen persönlichem Heil und sozialem Wohl? Ich frage mich, ob wir uns nicht zu stark von der amerikanischen Theologie beeinflussen ließen. In der Präambel der amerikanischen Verfassung stehen Dinge wie: Wir wollen Gerechtigkeit verwirklichen, die Ruhe im Innern sichern, das allgemeine Wohl fördern und das Glück der Freiheit bewahren. Ist es so, dass wir in den letzten Jahrhunderten aus einem christlichen Denken heraus Aufgaben an den Staat, an politische Parteien, an Gewerkschaften und Sozialämter delegiert haben, die klare biblische Mandate haben, und uns dann zurückzogen und uns auf unsere „Kernkompetenz", das Seelenheil, spezialisierten? Ist es deshalb dann auch verwunderlich, dass das Wiederentdecken der drei Ebenen – der Ebene des Gehaltenseins, der Haltung und der Handlung dort artikuliert wurde, wo große Defizite erkennbar waren, und wo die Möglichkeit bestand, diese Defizite zu artikulieren? Haben nicht unsere Vorfahren sich bewusst für eine bessere Welt eingesetzt, dies aber als politisches und nicht als geistliches Mandat verstanden, obwohl die Motivation oft stark von einem biblischen Weltbild geprägt war? Ist es deshalb verwunderlich, dass Christen heutzutage die politischen Aspekte in Europa wiederentdecken?

Matthew Parris, überzeugter Atheist, hat 2008 einen Artikel publiziert, in dem er zum Schluss kommt, dass Afrika Gott braucht und dass die christliche Mission einen Beitrag in Afrika leistet, den säkulare Entwicklungshilfe nicht leisten kann.[2] Ähnliche Überlegungen gibt es auch für andere Länder. Solche Hinweise belegen, dass die tiefe Gewissheit des Heilseins die Haltungs- und die Handlungsebene beeinflusst, und dass Prinzipien, Gouvernanzstrukturen und Gerechtigkeitsansprüche, die uns im Alten Testament Gottes Charakter und Wesen offenbaren, auch für heute eine Gültigkeit haben. Ohne die Handlungsdimension auch im politischen Bereich erlangt das Evangelium nur ungenügende Authentizität.

Der Zusammenhang von Halt, Haltung und Handlung offenbart aber auch mögliche Herausforderungen auf praktischer Ebene. Wie gehen wir damit um, wenn auf der Handlungsebene Qualifikationen gefordert werden, die Haltungs- und Haltebene aber nicht berücksichtigt werden? Als Beispiel: Wir suchen eine Lehrerin für die Christliche Schule in Chiang Mai. Hauptkriterium ist das Knowhow. Wir hoffen natürlich, dass die Person auch in den anderen Bereichen – Haltung und Halt – top ist. Doch was tun wir im Zweifelfall, wenn die Schüler dringend eine Lehrerin brauchen und sich niemand gemeldet hat, der auch die geforderte Spiritualität mitbringt? Sind nicht deshalb viele christliche Schulen und Universitäten heute nicht mehr von säkularen zu unterscheiden, weil die Handlungsebene höher gewichtet wird als die Halt- und Haltungsebene?

Loos hat zurecht festgestellt, dass die qualitative Mitte des Heils Gott und die Gemeinschaft des Menschen mit ihm sind. Das Ziel ist die Anbetung Gottes (Apk 7,9). Die Güter des irdischen Heils können sich durchaus ins Gegenteil verkehren – da gibt es Beispiele genug. Doch gerade hier setzt ein, was Hardmeier als „Evangelium leben" und „das Heil sichtbar demonstrieren" beschreibt. Die Voraussetzung für ein glaubwürdiges Zeugnis ist eine „Liebesgemeinschaft" oder Koinonia der Heiligen, wie sie, wenn ich Loos richtig interpretiere, in der Trinität ihren Ursprung und ihre Vollendung findet. Das Evangelium hat den Anspruch, ganzheitlich zu

---

[2] Matthew Parris, As an atheist, I truly believe Africa needs God, The Times, 27.8.2008.

sein. Wenn es uns gelingt, das Heil in seiner tiefsten Bedeutung zu erfassen, im dreieinigen Gott Halt zu finden, dann werden unsere Haltungen und Handlung so geprägt, dass die Menschen um uns herum erkennen: unser Glück liegt in der Nähe und Beziehung zu Gott. Halt – Haltung – Handlung – alle Ebenen sind wichtig. Und das Warten auf einen neuen Himmel und eine neue Erde, wie Petrus es beschreibt, soll dem Warten von Kornelius gleichen. Der sandte seine Diener zu Petrus, und während er auf dessen Ankunft wartete, bemühter sich emsig, damit Petrus sich freuen würde, auf ein vorbereitetes Haus zu treffen (Apg 10).

Zur Innovation der gegenwärtigen missionalen Theologie

Ein Echo auf die Beiträge von Roland Hardmeier und Andreas Loos

Jean-Georges Gantenbein

Einleitung

Bevor wir in etwas tiefer gelegene Schichten der missionalen Theologie vordringen, möchte ich meine große Freude an der missionalen Theologie ausdrücken:

Ich freue mich als Missionswissenschaftler, dass sich Theologie und Missiologie durch die Diskussion um missionale Theologie annähern. Beide brechen so aus der gegenseitigen Isolation aus, die den westlichen Theologiebetrieb immer noch beherrscht. Dies entspricht einer schon etwas älteren Forderung der Missiologie und der Kirchen des Südens bis hin zu einer neuen dynamischeren Definition der Theologie als „Theo-Missiologie".[1]

Ich freue mich als Leiter der Gemeindegründungsabteilung der Chrischonagemeinden in Frankreich, wenn sich unsere jungen Gemeindegründer einem sogenannten „inkarnatorischen" Gemeindebauansatz verpflichten. Zugleich schmunzle ich innerlich, weil vor mir ein Gemeindegründer in Fleisch und Blut steht, der sich eigentlich nicht mehr „inkarnieren" müsste.

Ich freue mich, wenn ein „bewusster missionaler Lebensstil" als Ziel in die „Vision" unserer Gemeinde aufgenommen wurde. Zugleich frage ich mich, ob sich die Praxis wirklich vom „missionarischen Lebensstil" der 80er und 90er Jahre des vergangenen Jahrhunderts unterscheidet.

Ich freue mich, wenn junge Christen, die sich einer „transformatorischen" Theologie verpflichtet wissen, sich sozial und politisch in unserer Gesellschaft engagieren. Seit 1968 gibt es nur wenige Menschen im Westen, die von einer Gesellschaftsreform träumen, geschweige denn daran arbeiten.

Ich freue mich als Missiologe, wenn die Diskussion einer missionalen Ekklesiologie uns sogar noch weiter in die grundsätzlichere Richtung einer

---

[1] Zorn, Die Mission hat eine Vergangenheit, 60–71; Gantenbein, Mission en Europe, 2.

missionalen Hermeneutik[2] stößt. Bis heute, auch wenn sich die Situation seit zwanzig Jahren verbessert hat, wird die „Mission" von der westlichen Theologie immer noch stiefmütterlich behandelt. Wenn die „Mission" wirklich ein biblischer *locus* mit einem wichtigen Stellenwert ist, dann ist der Schritt zu einer missionalen Hermeneutik nicht mehr weit. Die „Mission" wird dann zu einem hermeneutischen Rahmen, in dem die Schrift gelesen und interpretiert wird.

Mein Beitrag möchte aufgrund einer missionshistorischen Einordnung (1.) und durch eine Diskussion zentraler Begriffe (2.) versuchen, Gesprächspunkte zu identifizieren, die zu einem zukunftsorientierten Dialog beitragen (3.).

1. Missionshistorische Einordnung missionaler Theologie

1.1 Die „Räume" der Mission[3]

Der Historiker und Missionswissenschaftler Jean-François Zorn teilt die letzten fünf Jahrhunderte in drei Epochen ein:[4] A) Vom 16. Jahrhundert bis vor die Zeit des 2. Weltkrieges war das *geografische Modell der „Mission"* bestimmend, also die Verkündigung des Evangeliums in der nicht-westlichen Welt durch westliche Spezialisten. B) Die Zwischenkriegszeit war eine Zeit des Umbruches hin zum kirchlichen Axiom der Mission, das sich dann in den Jahren 1960 bis 1970 durchsetzte. Die „Mission" geht in dieser Konzeption ganz im Raum der Ekklesiologie auf. Damit sind wir beim *ekklesiologischen Modell der „Mission"* angekommen.[5] C) In der dritten und letzten Epoche, in der wir uns befinden, definiert Zorn den *Kontext als neues Modell der „Mission"*. Das Konzept der Kontextualisierung gilt inzwischen als Konsens aller Missionstheologien, auch wenn die einzelnen Entwürfe sehr unterschiedlich und zum Teil gegensätzlich sind.

---

[2] Siehe dazu die entsprechenden Abschnitte in Bauckham, Bible and Mission; Wright, Salvation belongs to our God.
[3] Siehe Abschnitt 2.2 in Gantenbein, Europa als „Missionsland"?.
[4] Zorn, *Les espaces de la mission*.
[5] Wichtig auf römisch-katholischer Seite sind hier die Enzyklika *Fidei Donum* von 1957 und *Ad Gentes* 2 des Vatikan II. Bei den Protestanten sind hier entscheidend die Integration des Internationalen Missionsrats (IMR) in den Ökumenischen Rat der Kirchen im Jahr 1961 und die programmatische 1. Konferenz der Kommission für Mission und Evangelisation des ÖRK im Jahr 1963 unter dem Titel „Die Mission in allen sechs Kontinenten".

Missionale Theologie integriert Erkenntnisse der zweiten und dritten Epoche. Aus der zweiten Epoche übernimmt sie das ekklesiale Prinzip der *missio Dei*. Die Vorzeichen werden jedoch unterschiedlich gesetzt, so dass jetzt nicht mehr die Missiologie der Ekklesiologie einverleibt wird, sondern die Ekklesiologie ganz in der Missiologie aufgeht. Die Betonung des Kontextes und die Sicht für die Notwendigkeit der Kontextualisierung verbindet die missionale Theologie mit den zeitgenössischen missiologischen Entwürfen. Es würde der missionale Theologie mehr Substanz geben, wenn sie diese historischen Wurzeln stärker würdigen und theologisch reflektieren könnte.

1.2 Geschichtliche Formen „missionaler Ekklesiologie" im 20. Jahrhundert

Das Verhältnis zwischen Mission und Kirche wurde auch im 20. Jahrhundert intensiv diskutiert. Das soll an zwei Beispielen illustriert werden. A) Von der Mitte der 40er bis zu den 80er Jahren des 20. Jahrhunderts wurden so ziemlich alle kirchlichen Verlautbarungen der römisch-katholischen Kirche in Frankreich und deren Initiativen als „missionarisch" bezeichnet. Mission und Kirche wurden nicht mehr geografisch durch die sogenannte „äußere Mission" auseinandergerissen, sondern fanden zu einer neuen Einheit.[6] B) Auf evangelischer Seite nenne ich das Beispiel der Integration des Internationalen Missionsrates (IMR) in den Ökumenischen Rat der Kirchen (ÖRK) im Jahr 1961, die als eine Verwirklichung des Ideals einer missionalen Ekklesiologie angesehen werden kann.[7]

Beide Bewegungen haben entscheidende Impulse zu einer missionalen Ekklesiologie geliefert, an welche missionale Theologie anknüpfen kann. Bei beiden haben aber die strukturellen Folgen nicht unbedingt zu einem  Hier wird Missiologie daraufhin befragt, ob sie zu missionarischem Handeln und zu kirchlichem Aufbruch beiträgt. neuen missionarischen und kirchlichen Aufbruch geführt. Diesem Defizit möchte sich missionale Ekklesiologie stellen, und sie tut gut daran, aus den Erfahrungen der Geschichte zu lernen.

---

6   Vgl. Gantenbein, 'La France, pays de mission ?', 8–9. Diese Entwicklung wurde durch die milieuspezifische Evangelisation der Action catholique und der Arbeiterpriesterbewegung angestoßen.

7   Siehe dazu Funkschmidt, Zur Integration von Kirche und Mission; Zorn, Le processus d'intégration de la mission dans l'Eglise dans le protestabisme contemporain des années 1950–1960.

2. Begriffe und Argumente missionaler Theologie[8]

Missional: Dieser Begriff wird innerhalb der missionalen Theologie verschieden benutzt. Dieser kann von einem klassischen *Missio Dei*-Verständnis, das die trinitarisch-heilsgeschichtliche Verankerung der „Mission" betont, bis zu einer eher diesseitig orientierten Orientierung einer „transformatorischen Theologie" reichen. Für Christopher Wright, der einen Ansatz von missionaler Hermeneutik geschrieben hat, ist missional eher ein Ausweichbegriff, weil „missionarisch" schon mit bestimmten Assoziationen belegt sei: „Missional is simply an adjective denoting something that is relatet to or characterized by mission, or has the qualities, attributes or dynamics of mission."[9]

Paradigmenwechsel: Der Begriff wird inflationär gebraucht, so dass sein eigentlicher Inhalt – ein wirklicher Bruch von einem alten zu einem neuen Axiom im Wissenschaftsbetrieb, der von einer Mehrheit von Wissenschaftlern gestützt wird – abgeschwächt wird. Aus historischer Perspektive sind Zweifel angebracht, ob missionale Theologie wirklich ein Paradigmenwechsel darstellt. Gewissheit darüber wird man erst in der Retrospektive gewinnen.

Missio Dei: Die theologischen Aussagen des Konzeptes der *missio Dei* gelten heute allgemein als ökumenischer Konsens. Dem Grundgedanken, dass Gott selbst Subjekt der „Mission" ist, widerspricht heute niemand. Aber auch hier gilt wie beim Begriff „missional", dass beinahe jeder Autor seine eigenen Akzente setzt, so dass *missio Dei* gleichzeitig zu einem faszinierenden und einigenden, aber auch ambivalenten Begriff wird.[10]

Ganzheitlichkeit, ganzheitliches Heilsverständnis: „Ganz" bedeutet ursprünglich heil, unverletzt und vollständig.[11] Ein „ganzheitliches Heilsverständnis" ist eigentlich ein Pleonasmus, weil das Heil Gottes für die Menschen ganzheitlich angelegt und intendiert ist. Nach der biblischen Anthropologie wird der Mensch als Einheit und Ganzheit geschaffen. Sie ist ein wichtiger Teil seiner Menschlichkeit. Dem entspricht das Heilsangebot Gottes in der Soteriologie, das sich an den ganzen Menschen mit all seinen Aspekten richtet. Das Heil Christi „heilt" (Lk 4,23), „befreit" (Lk

---

8   Ich beziehe mich hier auf die Begriffe des Referates von Roland Hardmeier.
9   Wright, The Mission of God, 24.
10 So Flett in The Witness of God, 76: „It encourages projection, revealing our own predilections rather than informing and directing our responses.". Ich verdanke dieses Zitat Dennis Hassler, Die Missionstheologie Georg F. Vicedoms, eine kritische Betrachtung, Seminararbeit, Bettingen, 2014, 12.
11 Nach Kluge, Etymologisches Wörterbuch.

8,26–39) und bringt die Vergebung (Mk 2,5–10). Das Heil in Jesus Christus ist aber als göttliche Gabe eine Einheit, die aus vielen einzelnen biblisch differenzierten Elementen besteht: die Rechtfertigung, die Heiligung, ja sogar teilweise die Ethik, wenn man von ihren Grundvoraussetzungen (Wirken des Heiligen Geistes und des Wortes Gottes) ausgeht. Dann kommt noch ein weiterer Faktor, der die Komplexität unserer Frage wesentlich erhöht. Es handelt sich um den Zeitraum, in dem sich die verschiedenen Aspekte des Heils verwirklichen. Wir befinden uns hier in der Spannung zwischen bereits erlebbarem, begonnenem Heil in der Sündenvergebung und dem noch ausstehenden, verheißenen Heil. Diese Spannung wird vielleicht von den Vertretern der missionalen Theologie zu wenig erörtert. Damit rücken sie in die Nähe zu einem mehr präsentischen Verständnis der Verwirklichung des Reiches Gottes.

Heils(-dimensionen): Die verschiedenen Heilsdimensionen werden in der missionalen Theologie in eine erweiterte Definition des Heils aufgenommen. Manche Vertreter – unter ihnen Hardmeier – betonen dabei die Heilsmitte (Versöhnung, Rechtfertigung). Es bleibt aber unscharf, wie nun Heilsmitte und ganzheitlicher Heilsbegriff zusammenhängen. Die anderen Heilsdimensionen können dann nicht mehr der Heilsmitte „untergeordnet" und zeitlich nachgeordnet als Zeichen des Reiches Gottes erscheinen und sie können nicht mehr als Folge des beim Individuum ansetzenden Heils in Christus in Erscheinung treten. Damit entsteht das Risiko eines Vollzugzwanges, dem sich die Vertreter der missionalen Theologie aussetzen.

Exodus als narrative Erfassung des Heils: Hardmeier hält den Exodus für das „zentrale Heilsereignis des Alten Testamentes", das es uns ermöglicht, „Heil narrativ zu erfassen". So wie ich es verstehe und aus seinen Ausführungen herauslese, geht es ihm dabei darum, das Heilsverständnis aus dem geschichtlichen Vorgang des Exodus abzuleiten. Das Exodusereignis dient dann als Strukturanalogie bezüglich des Heils in Christus. Eine überzeugende Argumentation der Anwendung dieser Strukturanalogie für das zentrale und alles überbietende Heilsereignis in Jesus Christus fehlt meines Erachtens. Bezeichnenderweise bezieht sich Hardmeier in seiner Ausführung (wie auch Wright[12] in seinem Monumentalwerk) gerade nicht auf die zentrale Stelle von Exodus 11 bis 13 – das Passahgeschehen – wenn ich das richtig gesehen habe.

---

12   Wright, *The Mission of God.*

3. Anregungen für den weiterführenden Dialog mit der missionalen Theologie

Bezugspunkte: Durch den Bezug auf den Heilsbegriff können beide Referenten in ein Gespräch treten. Das scheint mir mehr Potential zu haben, als wenn es bei einer Diskussion um den Begriff von „Kirche" und/oder „Mission" geht. Für eine konstruktive Weiterführung dieses Gesprächs wird es unerlässlich sein, weiter an einer gesamtbiblischen Konzeption von „Heil" zu arbeiten.

Wo setzen wir am besten mit der Diskussion an? Beim Heilsbegriff oder bei den Begriffen „Kirche" und „Mission"?

Klarheit: In der Theologie geht es um Klarheit der Begriffe und der theologischen Konzepte, die durchaus verschieden sein können. Werden die jeweiligen Begriffe klar definiert und die jeweiligen Methoden und Konzepte ebenso lauter eingeführt und dann auch stringent in ihrer gewählten Logik zu einem neuen theologischen System aufgebaut? Dient die missionale Theologie der Klarheit in Missiologie und Theologie, so dass die Gemeinde erbaut und sie zu einem nachhaltigen missionarischen/missionalen Dienst ausgerüstet wird?

Die Intention der missionalen Theologie führt zu einer neuen „Taxonomie", bei der die bisherigen theologischen Systeme, ausgehend von der evangelischen Reformation, nicht mehr greifen. Sie hat dafür gute Argumente. Die Mission im Sinn der *missio Dei* ist die alles umfassende Größe, die dem Reich Gottes und auch der Kirche vorgeordnet und übergeordnet ist. Die bisher geläufige Taxonomie teilte verschiedene *loci* zum Beispiel so ein:

- Kulturmandat (Schöpfung) und Missionsauftrag wurden nach dem alten Schema getrennt, bei der missionalen Theologie werden sie wahrscheinlich verschmolzen.
- Die Bereiche allgemeine Ethik und spezifisch christliche Weisung weichen hier einer missionalen Ethik, die ebenfalls beide Bereiche zusammenzieht.
- Die Ethik wurde bisher der Rechtfertigung nachgeordnet. Auch hier wären dann Verschmelzungstendenzen im Zuge der missionalen Theologie zu vermerken.
- Mission oder Individualethik, Ethik der Gemeinde und Sozialethik: Mission wurde selten in der evangelikalen Missiologie mit der Sozialethik verbunden. Die neuen Prämissen führen zu einem Zusammenschluss.

Bei solch massiven Eingriffen in die bisher geläufige „Taxonomie" sollten die zu Grunde liegenden Prämissen noch vorsichtiger kommuniziert und theologisch besser, das heißt schriftgemäßer, fundiert werden. Hier geht die missionale Theologie vielleicht etwas unklar mit den verschiedenen Systemen und Kategorien um.

Missio Dei oder Krypto-*missiones Ecclesiae*? Die deutschsprachige missionale Theologie stützt ihre theologische Arbeit ausdrücklich auf die Konzeption der *missio Dei* des vergangenen Jahrhunderts. Aber auch bei der besten biblischen *missio Dei*-Theologie kann die Mission ganz schnell wieder zu einem menschlichen Unternehmen verkommen. Dabei denke ich hier nicht zuerst an die missionale Theologie. Aber der breit angelegte Heilsbegriff und die damit verbundenen sozialethischen Imperative der missionalen Theologie öffnen hier neue Dynamiken, die einen Pendelschlag in die andere Richtung erlauben – die Rückkehr der Primärverortung der Mission in der Kirche. Die intendierte Absicht schlägt dann ins Gegenteil um. Die Mission wird dann trotz gegensätzlicher Beteuerung wieder im ekklesialen Raum und den Möglichkeiten der Jünger Jesu verortet.

Profil des Heils in der missionalen Theologie: Beide Autoren arbeiten mit einem erweiterten Heilsbegriff und entdecken dabei die biblische Fülle des Heils. Hardmeier gewinnt einen umfassenderen Heilsbegriff durch den Einbezug der sozialen und kosmischen Heilsdimension, Loos durch den Einbezug einer supralapsarischen Perspektive. Noch ist mir nicht überall klar, wie sich diese beiden Versionen eines ausgeweiteten Heilsbegriffs zueinander verhalten und welche Auswirkungen das auf die Missions- und Evangelisationspraxis hat. Deutlich ist aber: Mit der Ausweitung des Heilsbe-

Der Heilsbegriff kann a) durch den Einbezug sozialer und kosmischer Heilsdimensionen oder b) durch eine supralapsarische Perspektive erweitert werden

griffs werden bisherige Gleichgewichte historischer Theologien gestört. Dieser Störakt braucht einigen Mut in der evangelikalen Landschaft. Aber die Ungleichgewichte müssen dann wieder in eine biblische Balance gebracht werden. Hier denke ich an die Beziehung zwischen dem biblischen Zentrum des Heils und an die Heilsdimensionen. Die Gefahr der Ausweitung des Heilsbegriffs könnte dann auch zu einer Abflachung führen und dem Heilsbegriff die eigentliche Substanz rauben („Wenn alles Heil ist, ist nichts mehr Heil"). Um nicht diesem Schicksal zu erliegen, wird es wichtig sein, eine differenzierte Sichtweise für das umfassende Heil Gottes zu kultivieren.

Bei allen Diskussionen und Erwägungen zum Heilsverständnis wird es darauf ankommen, dass sich ein ganzheitliches Heilsverständnis in der Praxis bewährt, dass also Mission und Evangelisation gefördert und nicht gehemmt werden, dass Christenmenschen und die Kirche Jesu Christi zu einem christlichen Lebensstil motiviert werden, und dass das Evangelium möglichst viele Menschen auf möglichst viele Weisen erreicht.

Welche pragmatischen Bewährbarkeitskriterien gibt es Ihrer Meinung nach für das Heilsverständnis?

Bibliographie

Bauckham, Richard: *Bible and Mission. Christian Witness in a Postmodern World*, Carlisle/Grand Rapids 2001.

Flett, John G.: *The Witness of God. The Trinity, Mission Dei, Karl Barth and the Nature of Christian Community*, Grand Rapids 2010.

Funkschmidt, Kai: *Zur Integration von Kirche und Mission im landeskirchlichen Protestantismus*, in: Christoph Dahling-Sander u.a. (Hrsg.), Leitfaden ökumenische Missionstheologie, Gütersloh 2003, 144–162.

Gantenbein, Hansjörg: '*La France, pays de mission ?', la définition de la mission et les critères d'une missiologie de la culture occidentale*, Masterarbeit Faculté de Théologie Protestante, Université Marc Bloch, Strasbourg 2006.

Ders.: Mission en Europe. Une étude socio-missiologique du 21ᵉ siècle, Diss. Faculté de Théologie Protestante, Universität von Strasbourg, Strasbourg 2010.

Ders.:, Europa als „Missionsland"? Anachronismus oder Innovation?, in: Jürgen Schuster, Volker Gäckle (Hrsg.), Der Paradigmenwechsel in der Weltmission. Chancen und Herausforderungen nicht-westlicher Missionsbewegungen, Interkulturalität & Religion 1, Berlin 2014, 195–217.

Wright, Christopher J. H.: *The Mission of God. Unlocking the Bible's Grand Narrative*, Downers Grove 2006.

Ders.: Salvation belongs to our God: Celebrating the Bible's Central Story, Leicester 2008.

Zorn, Jean François: *Die Mission hat eine Vergangenheit – hat sie auch Zukunft?*, in: ÖR 43, Nr. 1, Jan./1994, 60– 71.

Ders.: Les espaces de la mission, in: Autres Temps Nr. 43 (September 1994), 47–62.

Ders.: Le processus d'intégration de la mission dans l'Eglise dans le protestantisme contemporain des années 1950–1960. Etablissement et contestations du modèle, in: Paul Coulon und Alberto Melloni (Hrsg.), Christianisme, mission et cultures. L'arc-en-ciel des défis et des réponses XVIe-XXIe siècles, Paris 2008, 203–214.

Alles klar, oder was?

Andreas Loos & Stefan Schweyer

Naja, *alles* ist natürlich nicht klar geworden durch die Gespräche rund ums Thema Heil. Das hat ja auch keiner erwartet. Aber *manches* ist klarer geworden, und zwar für alle Beteiligten:

Die Bemühung um die einigende Wahrheit lohnt sich

Im Sinne eines radikalen Wahrheitspluralismus hätte man ja auch sagen können: „Die einen sehen das so, die anderen sehen das anders, ein Diskurs zur gemeinsamen Erkenntnis lohnt sich eh nicht." Gut, dass wir es nicht so gemacht haben. Sondern so: Jeder beteiligt sich und verlässt die bequeme, souveräne und oft gleichgültige Zuschauerperspektive. Gott und sein Heil sind derart unfassbar, dass wir hier nur gemeinsam weiterkommen. Und vor allem: Gott ist mitten unter uns! Auch wenn wir mit unserem Willen zur Macht und Selbstbehauptung Erkenntnisprozesse oft zerstören, der, über den es geht, ist dabei. Anders gesagt: *Ein gelingendes Gespräch über das Heil ist bereits Erfahrung von Heil. Heilvolle Theologie meint also: Hier arbeiten die verschiedenen theologischen Abteilungen ernsthaft zusammen. In unserem Fall hauptsächlich die Missionstheologie, die Praktische und die Systematische Theologie.* Dabei ließ sich der Rest der Theologie von der missionalen Theologie herausfordern und motivieren, missions- und kommunikationstauglich über das Heil zu reden, verständlich und relevant für die Menschen unserer Zeit. Und umgekehrt ließ sich missionale Theologie herausfordern, nicht oberflächlich oder inflationär von Heil zu sprechen, bewährte biblische und systematische Unterscheidungen und Erkenntnisse mit zu bedenken. So wurde klar: Alle Beteiligten haben ein gemeinsames Anliegen, nämlich, dass Gottes Heil und Glück in umfassender Weise Raum greifen in der Welt. Und wenn das klar ist, arbeitet man gemeinsam an der Schärfung der theologischen Urteilskraft, anstatt Urteile übereinander zu fällen. Gemeinsamkeiten werden entdeckt, Differenzen erhalten klarere Konturen, das motiviert zur Weiterarbeit.

Heil hat ein Zentrum und ist immer mehr, als wir denken und erleben

Klar geworden ist auch, dass alle vorgetragenen Ansätze von einem alles bestimmenden Zentrum des Heils ausgehen Jesus Christus, sein Leben,

Sterben und Auferstehen. Man hat evangelikal-missionale Theologie auch schon dafür kritisiert, sie habe dieses Zentrum aufgegeben. Diesen Vorwurf kann man jemand wie Roland Hardmeier nicht machen. Was aber bleibt, das ist die Frage, ob etwa seine Rede von Heilsdimensionen nicht doch die Tendenz hat, die theologische – und damit auch die christologische – Dimension des Heils einzuebnen. Deshalb wurde die grundsätzliche Unterscheidung zwischen vertikaler und horizontaler Heilsdimensionen eingefordert.

Missionale Soteriologie regt dazu an, weit, groß und ganz über das Heil zu sprechen. Diese Anregung führte dazu, die rein infralapsarische Fassung von Heil als Wiederherstellung zu weiten auf eine supralapsarische hin: Auch völlig unabhängig von der Wirklichkeit der Sünde ist Heil die sich vollendende Teilhabe des Menschen am dreieinigen Leben Gottes, der ewig und vollkommen das Heil ist.

So entstand im Rahmen einer gemeinsamen Sitzung der AfbeT eine Grafik. Sie ist ein erster Versuch, gemeinsame Erkenntnisse auf einen Blick festzuhalten. Es wäre schön, wenn sie weiter verbessert werden könnte. Auf diese Weise könnte das gemeinsame Arbeiten an einem angemessenen Heils- und Unheilsverständnis fortgesetzt werden. Diese Fortsetzung ist auch nötig, *denn noch haben wir es nicht geschafft, die biblischen und traditionellen Konzepte und Begriffe in die heutige Zeit und Sprache zu bringen.* Dafür wären vermutlich weitere Gespräche nötig, etwa mit Soziologen, die uns helfen könnten zu verstehen, was Menschen heute verstehen, wenn sie „Heil" oder „Sünde", „Glück" oder „Unheil" hören. Was ist das gute, gelingende und glückende Leben, und wie soll man es beschreiben? Wenn Theologie hier nichts beizutragen hat, ist sie nicht nur out, sie hat auch ihr zentrales Anliegen preisgegeben: Der Welt die gute Nachricht zu bringen.

Wie würden Sie es grafisch gestalten? Wie kann man die Grafik auf der folgenden Seite noch verbessern?

Heil – ein grafischer Versuch

Güter, Erfahrungen und Zustände von Heil

▶ stehen in einem *komplexen, wechselseitigen Verhältnis* zueinander

▶ lassen sich wegen der *Fülle* der biblischen Heilsbegriffe kaum umfassend beschreiben

▶ sind Ergebnis *heilschaffenden* oder *heilvollen Handelns* (z.B. Befreiung – Freiheit)

▶ basieren auf *heilsermöglichenden Beziehungen*

Trinitarisch zentriert und personal

▶ Heil verwirklicht sich in einem dreifachen Set von Beziehungen: zu Gott, zu den Mitmenschen und zu allen anderen Geschöpfen. Heil ist personale Beziehung.

▶ Der dreieinige Gott ist ewig-vollkommenes Heil. Gemeinschaft mit ihm ist Teilhabe an seinem Heil (vertikale Heilsdimension).

▶ Konzentrische Kreise: Gott ist Ursprung und Ziel aller Güter, Erfahrungen und Zustände von Heil.

Heil im Unheil

▶ Gott wirkt Heil unter den Unheilsbedingungen der Sünde (infralapsarisch) auf dem Weg der gekreuzigten Liebe.

▶ Der Glaube an den menschgewordenen, gekreuzigten und auferstanden Sohn Gottes bildet das Zentrum christlicher Heilserfahrung.

▶ Was Heil ist, kann christliche Theologie letztlich nur von der christologischen Mitte her zu beschreiben versuchen.

Autorenverzeichnis

Dr. Markus Dubach lebte mit seiner Familie 16 Jahre in der Mongolei. Zurzeit ist er Missionsleiter der Überseeischen Missions-Gemeinschaft (ÜMG ¦ OMF).

Dr. Jean-Georges Gantenbein ist Dozent für Interkulturelle Theologie am Theologischen Seminar St. Chrischona (tsc) und Präsident von Vision-France (Chrischonagemeinden in Frankreich).

Dr. Roland Hardmeier ist selbständiger Dozent, Referent und Autor. Er unterrichtet am Institut für Gemeindebau und Weltmission (IGW) und an anderen Institutionen.

Dr. Andreas Loos ist Dozent für Systemtische Theologie am Theologischen Seminar St. Chrischona (tsc).

Dr. Bernhard Ott ist Dekan der European School of Culture and Theology (AWM, Korntal) und leitet die Masterstudien am Theologischen Seminar Bienenberg.

Ass.-Prof. Dr. Stefan Schweyer ist Assistenzprofessor für Praktische Theologie an der Staatsunabhängigen Theologischen Hochschule Basel (STH Basel) und Habilitand am Liturgiewissenschaftlichen Institut der Universität Freiburg (Schweiz).